脳のワーキングメモリを鍛える

# 速読ジム

クリエイト速読スクール

Basic Training for Readers method

日本実業出版社

# 「速読ジム」で
# ワーキングメモリを鍛えよう!

脳の筋トレをすれば、こんなことに効果がある

## あらゆる試験に対応できるようになる!

資格試験、大学受験、TOEIC……。トレーニングに取り組むことで「頭の回転」が速くなるので、文系・理系に関わらずあらゆる試験の合格率が上がります。

## 苦手な課題に取り組む"集中力"がつく!

苦手な課題や困難なタスクであればあるほど、それを解決するには集中力が必要です。トレーニングで集中力を鍛えることによって、仕事や勉強に向き合うことがらくになります。

### <small>マルチタスクワーキング</small>
### 同時処理に強くなる！

人前で細かいことに気を配りながらプレゼンする、電話応対をしながらミスなくメモを取ったり事務作業を進めるなど、時間を効率的に使いつつ、高い成果をあげるために必須の「マルチタスク」。トレーニングを繰り返すことで、同時処理に対応する力が高まり、仕事の処理スピードがアップします。

### モノ忘れが多いなど頭の"体力不足"が改善！

「モノ忘れが多い」「勉強しようと思ってもすぐに飽きてしまう」「難しい本を読むと頭が痛くなる」……。そんな"症状"の人は、"頭の基礎体力"が足りていない状態です。BTRメソッドでは、頭の「基礎体力づくり」を促します。

# 現実的で信用できると思った私は、池袋の小さな教室に地道に通うことにした。

## ──私とクリエイト速読スクール

瀧本 哲史

たきもと・てつふみ
京都大学客員准教授・エンジェル投資家。著書に、2012年ビジネス書大賞を受賞した『僕は君たちに武器を配りたい』（講談社）のほか、『君に友だちはいらない』（講談社）、『武器としての交渉思考』『武器としての決断思考』（いずれも星海社新書）などがある。クリエイト速読スクール卒業生。

　この書籍を手にしたあなたはどんな人だろうか。書店でいかに読むべき本が多いかを再認識して、どうにか本を速く読めないかと悩んでいる人だろうか。あるいは仕事関連で読むべき文書で多忙なビジネスパーソンであろうか。あるいは日々、インターネットで大量の情報に追われている人だろうか。ひょっとしたら、資格試験などのために、効率的な学習方法を必要としている人かもしれない。

　いずれにしても、速読、言い換えれば、文書を速く読み、情報処理能力を向上させるニーズを持つほとんどの現代人にぜひ、お伝えしたいことがある。

　私自身が情報処理能力の必要性を強く感じたのは、大学3年生のときである。

　当時、東大法学部の学期試験は、前期、後期を合わせて1年分を年度末に行なう方式だった。私は、法律以外のことも勉強したかっ

たし、授業よりも、最先端の課題について議論するゼミに時間を費やしたくて、答えが決まっている学期試験には時間を使いたくなかった。ましてや、大学3年生ならば、他にも時間を使いたい楽しいことはたくさんある。だから、試験前に教科書や友人から回してもらったノートをできるだけ短時間で学習したい、そう思ったのである。

そこで、浮かんだキーワードが「速読」だった。

実は、当時、私の「速読」に対するイメージは非常に悪かった。

中学生のときに、心理学者の父のリクエストで、ある速読教室に偵察がてらに通ったことがある。しかし、あまりにもつまらないカリキュラムで、効果がなさそうなのですぐやめてしまった（そのスクールは、いまは消えたが、当時はメディアに出たりして著名だった）。


大学生になって、今度は自分自身の切実なニーズがあり、無駄な時間は使いたくなかったので、各社からパンフレットを取り寄せ、比較した。

その中で、「クリエイト速読スクール」は異色だった。

読書という行為を要素分解して、それぞれの要素に対してゲーム感覚で飽きないトレーニングをすることで、結果的に情報処理能力が上がるというプロセスに反証可能性があった。

また、パンフレットに載っていた受講者の体験記も変わっていた。

ハーバードビジネススクールに合格した人などが実名で、よかったところはもちろん、カリキュラムの改善方法についても率直に語っている体験記だった。都合のよいことばかりを宣伝するわけでは

なかった。

いまでもそうだと思うのだが、「クリエイト」はよい意味でも悪い意味でも、商売っ気がない。

ビジネスとしては、「短期間の講習で身につきます」とかいったほうが儲かるだろうに、まったく真逆と思えるようなことをしている。

トレーニングジムのように定期的に通って、得意なところを伸ばしたり、不得意なところを補強して、着実に力をつけていくという謙虚な姿勢である。

むしろ、そちらのほうが現実的で信用できると思った私は、池袋の小さな教室に地道に通うことにした。効果は絶大で、法律の専門書に対して読書速度は数倍になった。おまけに、教室で普段手に取らないようなたくさんの小説が読めた。

とても投資対効果が高かったので、いつしか、知り合いに聞かれれば、「クリエイト」を紹介するようになった。ただ、あまりにも速読業界は怪しくて、紹介しにくいので、過去の受講者データを調べてもらったところ、真面目に通った人で３倍速を達成できない人は、ほとんどいないことがわかった。現実的に、ほとんどの人は３倍速ぐらいで十分満足できるはずだからということで、「３倍速保証制度」を作ってもらった。

これで薦めやすくなった。後は、「本当に情報処理能力が高まるのならば、司法試験合格者がバンバン出ないとおかしいでしょう」と代表に申し上げたところ、カリキュラムが工夫され、いまでは、私の友人も含め、毎年合格者が出るようになっている。

そんな「クリエイト」がトレーニングブックを出すと聞いた。「ク

リエイト」の人たちは真面目なので、買うだけで結構練習できて効果がある内容の本を、満を持して出すことになるはずだ。きっと、ロングセラーになるだろう。

ただ、スクールのマーケティングとしては、いまひとつかもしれない。というのも、具体的なトレーニング内容がほとんど書かれていない「宣伝本」を、半年ごとにタイトルと出版社を変えて出したほうが、マーケティング的には効果的かもしれないからだ。

しかし、「クリエイト」の人たちはそれをよしとしない。「日本の国語教育がカバーしていない読書技術を、切実に必要としている人に届ける」という「ロマン」を「ソロバン」より優先しているからだ。

実際、30年以上経っても池袋の教室とユーキャンとSEG<sup>(※)</sup>の提携講座でしか受講できない、知る人ぞ知る存在でとどまっている。

ただ私は、「クリエイト」はもう少し世間に知られるべきだし、「クリエイト」のメソッドを知ることで、助かる人も多いと信じている。何よりも「クリエイト」の変わらない商売っ気のなさを逆に応援したくなるのだ。

だから、一人でも多くの人が手に取るキッカケを増やすべく、小文を寄せることにした。まずは、中をのぞいてほしい。それ以上は無理にお薦めしない。ただ、切実に必要としている人なら、大学生のときの私のように、その価値がわかるはずだし、「毎日の時間感覚が変わる」キッカケをつかめるはずである。

---

※SEG：科学的教育グループ エス・イー・ジー。東京都新宿区西新宿の大学受験塾。

# Contents

脳のワーキングメモリを鍛える
## 速読ジム

「速読ジム」でワーキングメモリを鍛えよう! ……………………………… 2

現実的で信用できると思った私は、
池袋の小さな教室に地道に通うことにした。……………………………… 4
● 瀧本 哲史

## Part 1  速く理解できれば
### 読書が進む! 試験に受かる! 仕事がはかどる! ……… 11

(1) 読書がらくらく進むBTRメソッド ………………………… 12
(2) BTRメソッドの一番の特徴は理解力もアップすること ……… 18
(3) 「脳を鍛えるトレーニング」が集中的・効率的にできる ……… 23

## Part2 ワーキングメモリを鍛える
# トレーニングの進め方 ……… 29

**トレーニングをはじめる前に** ……………………………………… 30

**0** リラックス状態をつくる
**カウント呼吸法** …………………………………………………… 31

**1** 広く見ると同時に手を使う
**スピードチェック** ………………………………………………… 34

**2** イメージ処理のスピードを上げる
**スピードボード** …………………………………………………… 38

**3** 論理的に考える力をつける
**ロジカルテスト** …………………………………………………… 44

**4** 言葉（単語）をイメージする
**イメージ記憶** ……………………………………………………… 50

**5** 書いた人の主張を追いかける
**イメージ読み** ……………………………………………………… 56


## Part3 10回分にチャレンジ
# レッツ! トレーニング ……… 63

**1 スピードチェック** ………………………………………………… 64

**2 スピードボード** …………………………………………………… 84
スピードボード解答 ………………………………………………… 94

**3 ロジカルテスト** …………………………………………………… 96
ロジカルテスト解答 ………………………………………………… 106

**4 イメージ記憶** ……………………………………………………… 108

**5 イメージ読み** ……………………………………………………… 138

トレーニング記録カード・・・・・・・・・・・・・・・・・・・・・・・・・・・・・・・・・・・・・・・ 158
レベル達成度レーダーチャート・・・・・・・・・・・・・・・・・・・・・・・・・・・・・・・・・ 160

## Part4 インビテーション 私の速読体験記 ・・・・・・・・・・・・・・・・・ 161

先輩たちの取り組み方を参考にすれば
よりトレーニングが効率的になる・・・・・・・・・・・・・・・・・・・・・・・・・・・・・ 162
それは本当にもったいないのだ・・・・・・・・・・・・・・・・・・・・・・・・・・・・・・・・・ 163
●田上 雪音
「速読」はおまけである・・・・・・・・・・・・・・・・・・・・・・・・・・・・・・・・・・・・・・・・・・ 178
●梅木 恒

あとがき・・・・・・・・・・・・・・・・・・・・・・・・・・・・・・・・・・・・・・・・・・・・・・・・・・・・・・・・・・・・・・・ 187

| カバーデザイン | ■志岐デザイン事務所（熱田 肇） |
| 本文デザイン・DTP | ■関根康弘（T-borne） |
| 本文イラスト | ■藤田 翔（P2〜3、Part1、Part2） |
| | 小島サエキチ（Part4） |

# Part1

速く理解できれば
## 読書が進む!
## 試験に受かる!
## 仕事がはかどる!

# 1 読書がらくらく進む BTRメソッド

## 本が速く読めるようになれば 勉強・仕事の効率がアップする

　勉強をしたいが、集中できない。仕事で成果をあげたいが、うまくいかない。そもそも、日常的に時間が足りない。こうした悩みは、誰もが体験することではないでしょうか。とくに、問題点はわかっているのに、それをなかなか解消できないという悩みは、多くの方に当てはまります。頑張って課題克服のための努力を重ねていても、思ったように成果が得られず、時間ばかり経ってしまう、といった方がたくさんいます。

　たとえば、教室には下記のような生徒さんが通っています。

### ①小論文の課題文を速く読めるようにしたい

　Ａさんは進学校に通う女子生徒です。学校のテストが苦手で、とくに、国語のテストなどで時間が足りなくなってしまうため、文章を速く読めるようになりたいと思っています。本を読むスピードは581字/分。日本人の平均が600字/分（1分間に文庫本1ページ程度の速度）なので、けっして遅いスピードではないですが、本に苦手意識があると、なかなか読み進められません。しかし、Ａさんは大学を推薦入試で受験する予定のため、小論文を書く必要があります。課題文を素早く読み込むためのスピードを求めています。

### ②法律専門書を速く読めるようにしたい

　Ｂさんは20代の男子学生。法科大学院に通っています。日常での悩みは、本を読むのが遅いこと。とくに、学校で読まなければならない専門書の読

Part1 | 速く理解できれば読書が進む！ 試験に受かる！ 仕事がはかどる！

解に時間がかかるそうです。読書速度は1,500字/分。これはけっして遅い
スピードではないのですが、法律の専門書を、毎日大量に読み込んでいく
法科大学院では、それでもスピードが足りないと感じています。また、将
来、司法試験に合格したとしても、弁護士という仕事は、その後もずっと
勉強を続けていかなくてはいけません。将来を見据えたＢさんは、周囲の
よくできる友人たちに触発されたこともあり、いまのうちにもっと処理速
度を上げたいと考えています。

### ③仕事のメールやウェブの資料を速く読めるようにしたい

　Ｃさんは30代の男性で、広告会社に勤務しています。仕事の処理スピー
ドをもっと上げたいと考えています。もともと、Ｃさんはとても処理の速
い方なのですが、30代半ばを過ぎて、以前よりスピードが遅くなったよう
に感じているようです。根本的な思考法などは変えられないので、よりイ
ンプットを増やしたいと思っています。読書速度は1,440字/分です。これ
も十分速いスピードです。しかし、情報が目まぐるしく変わる環境のなか
で、幅広い知識を必要とする広告業界では、それでもインプットのスピー
ドが足りず、さらに効率の良い読書の方法を探し求めています。

### ④資格試験勉強の参考書を速く読めるようにしたい

　Ｄさんは40代の女性です。建築事務所をご主人と一緒に経営しています。
一級建築士の資格を取ろうと考えているのですが、学校で勉強をしていた
ころから時間が経ってしまい、根をつめて勉強する感触を忘れてしまって
います。やる気はあるけれども、なかなか課題に取り組めない、といった
印象です。またＤさんは、いままでの人生で十数冊しか本を読み終えたこ
とがなく、本の読み方がよくわからないという悩みもあります。最近、記
憶力や処理能力が衰えてきたと感じていることも苦手意識の一因になって
います。事実、Ｄさんの読書速度は275字/分で、これはかなり遅いスピー
ドです。Ｄさんが「たくさん読書をしてみたい気持ちはあるけど、なかな
か本が読み終わらない」というのも、うなずけます。

これらの方々の悩みを解決し希望を叶えるには、まず、頭の処理スピードを上げる必要があります。そのための効果的なトレーニングが「BTRメソッド」なのです。

# BTRメソッドとは何か

　BTRメソッドの基本的骨格は、1986年に、日本語の速読技術を習得するための実践的トレーニングプログラムとしてクリエイト速読スクールによって考案されました。この名称は、Basic Training for Readers methodの略で、「読書する人のための基礎的トレーニング法」という意味です。読書の基本的な能力を鍛えようという趣旨からの命名です。読書が苦手な方でもしっかりとした基礎的な力が身につくように、一連のトレーニングは長い年月をかけて創り上げられ、いまでも改良を続けています。

**BTRメソッド＝Basic Training for Readers method**
**読書をする人のための基礎的トレーニング**

　BTRメソッドは、「認知科学」にもとづいて構築されています。認知科学とは、「文字や文章を読んだときに、人間はなぜ意味を理解できるのか」という情報処理の働きを、脳神経科学、脳生理学、心理学、言語学、論理学、人工知能科学などの見地から解き明かそうとする学問です。

　たとえば、「猫」という文字は、それだけでは紙に書かれた線にすぎません。しかし、日本語の「猫」の意味を知っている私たちなら、目から得たこの文字情報を、過去の学習や経験から得た「猫」の姿や特徴に置き換えてイメージすることができます。

　つまり理論上、速読とは感覚器を通じて得られる文字情報を増加させ（認知）、その文字情報と記憶されている各種イメージを結びつける脳の情報処理の効率化を図る（情報処理、記憶）ことによって実現されることになります。

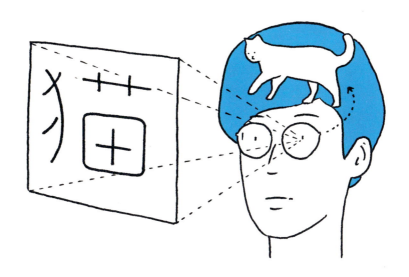

## BTRメソッドの3つの柱

BTRメソッドには、3つの柱となるトレーニングがあります。

### ①認知視野の拡大

**本を速く読むためには、ページ全体を広く見て、瞬時に多くの文字情報を識別できる能力が必要です。**

一般的には、文章は頭の中で一文字一文字、黙読をしなければ理解することはできないと思われています。しかし、実際には、私たちは文字情報を読む際に、複数の情報を同時に処理しています。

たとえば、「ベストな選択」「ベストを着る」「ベスト電器で買い物をする」という表現があったとします。「ベスト」は日本語の表記としては同音ですが、この語を見たり聞いたりするたびに、立ち止まって意味を考えることはあまりありません。その文脈に合わせて、自然とふさわしい意味を思

い浮かべて読み進めることができます。

これは無意識に、「ベスト」に続く「な選択」「を着る」「電器で買い物」という部分を同時並列的に読み取って、文章の前後関係から「ベスト」の理解を助けているのです。

このように、私たちは、文章を読む際は、逐語的に一文字一文字読んでいるのではなく、文脈のうえで数文字を同時に認識しています。誰もが持っているこの能力をトレーニングによって大幅に向上させることを、BTRメソッドでは「認知視野の拡大」と呼んでいます。

### ②読書内容への集中

認知視野が拡大されても、文字を目で速く追うだけでは意味がありません。**文字情報を瞬時にイメージに変換したり、効率的に整理・理解する能力を鍛える必要があります。**

たとえば、小説を読んでいるときならば、物語の細部を鮮明にイメージできればできるほど、内容にのめりこむことができます。また、論理的な内容の専門書や、勉強や仕事の資料を読む際にも同じことがいえます。本全体を通じた著者の主張や論理の筋道、あるいはキーワードの結びつきなど、文字情報としては必ずしも明示されていない内容を、自分なりに整理でき読み取れたときに、「理解できた」といえるはずです。

このように、読書においては読んだ内容を理解し、記憶にとどめることが必要不可欠です。BTRメソッドでは、「読書内容への集中」のトレーニングによって、文章に対する理解力を高めていきます。

### ③読書トレーニング

こうした**文字の認知能力や読書内容へ集中していく力を、実際の読書の場で実践していく必要があります。**そのため、BTRメソッドでは、「読書トレーニング」によって負荷をかけた読書を行ない、ページ全体を広く見て、同時に頭の中のイメージをフル活用して、内容を理解する力を実践的に身につけていきます。

Part1 | 速く理解できれば読書が進む! 試験に受かる! 仕事がはかどる!

## BTRメソッドのシステム

受講の動機・目的意識
「自分の目的○○のためにBTRで力を伸ばそう!」

↓

現在の読書習慣 ⇄ 現在の読書能力 ⇄ 知識・興味の状態

↓

※青字のトレーニングが本書で紹介しているメニューです。

**広く見るための**
**トレーニング**
サッケイドシート
ヘルマンシート
ミディアムシート

カウント呼吸法

↓

リラックス

↓

**心の中に集中していく**
**トレーニング**
スピードチェック
イメージ体験
イメージボード
イメージリスト
イメージ記憶

→ 情報処理機能の改善
↑ ↓
体験的気づき ←

↓

**広く見て分かるための**
**トレーニング**
ランダムシート
パターンシート
ユニットブック

倍速読書
速読読みきり

**読書内容に集中していく**
**トレーニング**
スピードボード
QAテスト
ロジカルテスト
イメージ読み

**認知視野の拡大**　　**読書トレーニング**　　**読書内容への集中**

↓
積み重ね
↓

読書を楽しむ習慣 ⇄ 読書能力向上の実感 ⇄ 知識・興味の
広がり・深まり

↓

**自己目的の達成**

17

# 2 BTRメソッドの 一番の特徴は 理解力もアップすること

## 重要なのは理解力

BTRメソッドの3つの柱で鍛えられる力の中でとくに重要なのは「理解力」です。なぜなら、いくら読書が速くできても、理解力がなければ読んだ知識を定着させることができず、活かすことができないからです。せっかくパソコンに新しいプログラムをインストールしようとしても、古いパソコンのままではうまく機能しない状態になってしまいます。

速読というと、目の使い方ばかりが注目されていますが、大切なのは、いかに速く正確に理解していくかです。そのためには、理解力向上のトレーニングが必要になることはいうまでもありません。**いくら目を速く動かしても、中身を理解できなければ、それは読書とはいえないからです。**

たとえば、前述のBさんが課題としている法科大学院での法律の勉強では、正確な内容の理解が要求されますから、当然、理解力の向上を欠かすことはできません。目を動かすスピードだけをひたすら上げたとしても、それは法律書を正確に読んでいく役には立たないのです。法律に限らず、専門性の高い勉強をしている方は、とくに頭の使い方をブラッシュアップしていく必要があります。

こうした「頭の使い方のトレーニング」が含まれているからこそ、BTRメソッドは日常の読書スピードアップから、難関試験対策まで、射程の長いトレーニングとなっているのです。

# 理解力を上げる鍵はワーキングメモリ

　こうした頭の働きを最新の脳科学で説明すると、ワーキングメモリという考え方になります。「ワーキングメモリ」(作業記憶) とは、情報を一時的に保持・操作する際に使われる脳の機能です。記憶と処理を同時に行なう機能で、たとえるなら「脳の中のメモ帳」のようなものです。

　たとえば、計算問題を解くとき、私たちは頭に数を一時的に残しながら暗算をします。また、料理のときには、いま作業中の手順を頭にメモしながら、次の手順を導き出します。私たちはワーキングメモリをうまく活用することによって、複雑な思考や行動を行なうことができます。

　もし、ワーキングメモリの容量が少なく、頭の中にメモが一つか二つし

かできなければ、たくさんの情報が入ってきたときに、思考はストップしてしまいます。しかし、たくさんのメモを取ることができれば、効率よく情報を整理することができます。

## 集中力にもワーキングメモリが重要

ワーキングメモリのもう一つの大事な機能は、ものごとに優先順位をつけて集中することです。不必要な情報を選り分け、いま必要としている情報のみを俎上に乗せるときにも、ワーキングメモリが必要です。

たとえば、仕事の資料を読むときのことを考えてみましょう。静かなオフィスでは、ページに目を通すのは、それほど難しくないと思います。しかし、これが自宅で家族に囲まれ、テレビがついた居間では、とたんに内容を理解しづらくなります。さらに、大きな音が鳴っているお祭りの会場だったりしたら、中身を読み取ることはほとんどできないはずです。

また、加齢によってワーキングメモリの働きが衰えてくることもわかっています。年輩の人を対象に行なったワーキングメモリテストでは、課題遂行に対して不必要な情報をうまく切り捨てることができないため、若い人を対象に行なったテストの記録に比べて年輩の人の記録のほうが悪くなるというデータもあります。

年齢を重ねると記憶することが苦手になってくる人は多いですが、実は、必要な情報とは関係のない不必要な情報を記憶してしまっている場合も多いのです。

## マルチタスクがワーキングメモリに負荷をかける

私たちは、読書や勉強においてワーキングメモリを活用しています。**書いてある文章の内容を一時的に頭に保持し、その内容に検討を加えることで、私たちは情報を理解していきます。**もし、頭の中の情報をメモするスペースが小さく、すぐにいっぱいになってしまったら、次の文章を読もう

としても新しい内容を理解することはできません。その結果、読書スピードは遅くなってしまいます。

しかし、ワーキングメモリの容量が大きければ、たくさんの情報をメモしておくことができるので、効率よく文章内容を整理することができ、素早く情報を理解することが可能になります。

同時に複数のことをこなそうとするときに、ワーキングメモリにはより負荷がかかります。しかし、**現実には、私たちがクリアしなければならない課題のほとんどが、この同時処理を要求されます**。たとえば、仕事でプレゼンテーションをするときは、自分の話す内容だけではなく、聴いている人の反応や、会場の雰囲気、自分の身振りや予想される質問など、様々なことを同時に気にかけなければなりません。「単に覚えていることを話す」のではなく、「聴いている人の心に残るように効果的に話す」には、たくさんのことを処理する必要があります。

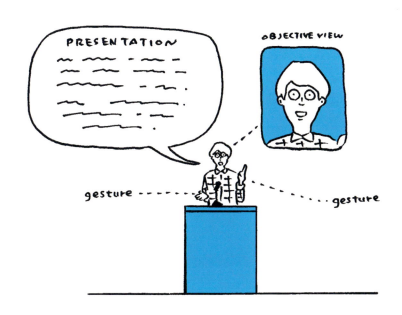

それゆえ、**ワーキングメモリの容量の差が、勉強や仕事といった知的作業の成果を分ける差になってしまうのです。**

　前述の広告会社に勤めているＣさんが求めている力も、こうした能力でしょう。「生活上の時間制約が増している」というＣさんは、限られた時間のなかで質の高い情報を得ることを求めています。当然、そこにはワーキングメモリのパワーアップが不可欠になってきます。

## ワーキングメモリを鍛えよう

　実は、ワーキングメモリは鍛えることができます。これは脳の可塑性から説明できます。「脳の可塑性」とは、たとえば、人差し指を失うとそこからの情報は脳に送られてこなくなり、脳のその領域は縮小しますが、一方で中指からの情報を受け取る領域が拡大し始めるというように、状況に応じて脳の領域地図が書き換えられていくことをいいます。

　この現象は、情報を保持するワーキングメモリの領域についても当てはまり、トレーニングによってその地図の書き換えが可能です。

　そしてBTRメソッドのトレーニングは、このワーキングメモリを鍛えるために非常に有効です。教室では、各自の制限時間の中で負荷をかけながら、頭をフル回転させるトレーニングを繰り返していきます。

　くわしく知りたい方はクリエイト速読スクールの公式ブログに膨大なデータとコメントを公開していますのでチェックしてみてください。

Part1 | 速く理解できれば読書が進む! 試験に受かる! 仕事がはかどる!

# ③ 「脳を鍛えるトレーニング」が集中的・効率的にできる

## 実際にすぐにできる「速読トレーニング本」は意外とない

　書店に並んでいる多くの「速読本」の内容を見て、具体的なトレーニングが足りないと思う方も多いのではないでしょうか。「頭を鍛える」と言ってはいますが、ページをめくっても具体的なトレーニングが披露されていることは多くありません。

　速読能力を身につけたらどれほど素晴らしいかということは書かれていますが、「では、どんなトレーニングをすればいいの!?」と読み進めていっても、ほとんどの説明は眼球運動と頭の体操レベルどまりです。

　「教室に来ればわかる」「セミナーを受ければわかる」ということかもしれませんが、本に書かれていないものが別の場所に行けば「ある」というのもおかしな話とは思いませんか？　つまり、「教材」が本としてまとめられていないのです。

23

速読の本に手を伸ばす人が求めているのは、「本の中」で効果的な速読トレーニングができることだと思います。読者はぼんやりとした読書論を読みたいのではなく、具体的にどんなトレーニングをすればよいのか、どんな教材（スポーツジムでいえばマシン）があるのかを書いてほしいと思っているはずです。

　スポーツでは身体を動かすトレーニングをすることなしに技術が身につくことはありません。それと同じように、どんな優れた理論でも、実際に手を動かし頭を振り絞らなければ、実戦で使えるようにはならないのです。本来の「速読」は、読書に必要な各種の力を、地道に鍛えた先に達成されるものです。そのためには**反復練習が必要ですから、一朝一夕に身につくものではなく、ある程度時間がかかるのは当然です。**しかし言い換えれば、時間をかけてトレーニングをすれば、誰にでも身につけることができるものです。

## 「脳を鍛えるトレーニング」をピックアップ

　本書では、**読書のための総合トレーニング「BTRメソッド」の中から、「脳を鍛えるトレーニング」をピックアップ**しています。このトレーニングは、とくに、資格試験対策、専門書の読解、専門知識収集といった頭をハードに使う「ナレッジワーカー」の方々に役立つものです。ナレッジワーカーは、情報をただ収集すればよいのではなく、その内容を正確に理解したうえで、適切な場面でアウトプットしなければなりません。そのためには単なるスピードのトレーニングではなく、理解のトレーニングが必要です。

　1984年から続く教室のデータからも、こうしたトレーニングが試験勉強・資料読解・資格試験に即効性があることは立証済みです（Part4参照）。まずは、基礎力を鍛えていくつもりでチャレンジしてみてください。資格試験にチャレンジされている方ならば、合格のためには、もちろん専門書を読み込み、知識を蓄える必要があります。しかし、この本でのトレーニ

ングをしたあとに課題に取り組めば、驚くほど勉強がスムーズになることを実感するでしょう。

　法科大学院生のBさんは、こつこつとトレーニングを積み重ねた結果、「法律の基本書の読み方が変わった」「学校の授業の予復習が楽になった」「空き時間に読む本の読了数は3倍ほどに増えている」などのコメントを残しています。学校の勉強がとてもしやすくなったそうです。

　また、トレーニングを通して集中力を身につけたAさんは、その力を勉強に役立て、見事志望校に合格しています。「長い文章を読むのが以前に比べて楽になりました。本を読むのが好きになり受験でも役に立ちました。一般入試ではなくAO入試（推薦入試）で受験し、長い文章を読んで小論文を書かなくてはいけなかったため、速く読めることができてとてもよかったです」とコメントしています。

　仕事に活かしたいというCさんも「日常での読書スピードがかなり上がったことを体感しています。週に3～5冊と、読書量が学生時代程度に回復しました。また、集中力をコントロールできるようになったため、読書以外にも好影響があります。気の乗らないタスクもひとまず着手しやすくなりました」という日常・仕事での成果を話しています。

　基礎をしっかりと身につければ、幅広い応用が可能です。こうした成果につながったのも、それぞれの生徒さんが基礎的トレーニングをおろそかにせず、自身の処理速度を上げることに専念したからです。

　いわば、**この本は、読者のみなさん自身の頭をよくする本、集中をしやすくするための本、脳のワーキングメモリ容量を増やすための本です。**

## 記録を伸ばすことに全力を

　トレーニングは、はじめから楽にできる、ということはあまりありません。もし、はじめから高いスコアを出すことができたら、それは処理能力

の高い方ですので、自信を持ってください。**多くの方は、はじめは苦労します。また、あるときうまくいっても、次はまた失敗したりと、その繰り返しです。しかし、そうした努力の積み重ねにより着実に処理能力が上がっていきます。**

まずは変にコツを考えずに記録を伸ばすことに全力を注いでください。しだいに時間のプレッシャーの中で最適なポイントが押さえられるようになっていきます。

「こんな脳トレもどき」というマイナス思考はいっとき棚上げして、トレーニングにのめりこんでみてください。楽しんでゲーム感覚でトライできるように作ってあります。それに、**全力を出そうとすればするほど、不思議と頭がすっきりとする感触が得られるでしょう。いまの実力を試すつもりで、毎回、力を出し尽くそうとしてみてください。**

## トレーニングを続けていくためには

BTRメソッドのトレーニングは数字で結果が出るので、毎回の記録を比較できます。結果を記入した「記録カード」を見れば、現在の達成度もチェックできます。本書では、各トレーニングメニューの解説ページ（Part2）で、レベルに応じたアドバイス（「レベルチェック表」）も付記しましたので、参考にしながらトレーニングを続けていってください。記録カードに結果を記入していくと、スコアを伸ばす達成感もあるはずです。

トレーニングによっては、プレッシャーの中で集中する力が鍛えられます。「トレーニングで、『自分はこれ以上できない』というところまで集中し、実際に勉強するときに、トレーニングの際の集中を思い出すようにしています」という生徒さんもいます。頑張れば頑張るほど、意外なほど日常での集中が深まっていきます。**根をつめて頭を使うことは、辛いだけでなく、実は心地よいことだと感じてもらえるプログラムになっています。**

いわば、この本を頭のスポーツジムと捉えていただくとよいでしょう。負荷をかけたエクササイズを全力でこなせば、現在の能力が数値的に表わ

れます。セルフチェックをして、そこでのフィードバックをまた次回のトレーニングに活かしていきます。そして、コツコツとトレーニングを続けましょう。それが、ジムで力をつけていくための、王道のサイクルではないでしょうか。

## なるべく、よくなった点に注目を

　トレーニングを続けているうちに記録が下がるようなこともあるかもしれません。そんなときは、あまり気にする必要はありません。スコアが上下しながら少しずつ伸びていくトレーニングです。焦らずに続けましょう。その点では、前述のDさんのトレーニングへの取り組み方が参考になります。Dさんは、毎回のトレーニング終了後に自身のよくなった点をメモしています。「本が少し読めるようになって楽しくなってきた」「苦手なスピードチェックも少し進めた」「負荷がかかるトレーニングでとても楽しか

った」と。その結果、あれほど苦手としていた読書も、何冊も何冊も読み終わるようになっていきました。また、課題としていた勉強でも、「３年に一度の建築士定期講習で、毎回時間が足りず最後の５問ほどは当てずっぽうにマークシートをうめていたけど、今回はひと通り解答し、見直す時間もありました。集中力、忍耐力が以前に戻ったようでした」と、スムーズにこなせている実感があるようです。ニコニコとトレーニングを続けているＤさんは、日常での物忘れも減り、仕事、勉強、日常と充実した日々を送っています。

　最後に、冒頭に挙げた４人の方の読書速度の変化を記しておきます。

　どの方も、いままで苦手意識を抱えていた課題点を克服し、みずから積極的に課題に取り組んでいます。

　あなたも、ぜひこの４人のあとに続いてください！

## 4人のトレーニングの結果

| | | |
|---|---|---|
| 女子高校生 Aさん (10代) | 581字/分 ➡ | 4,200字/分 |
| 法科大学院生 Bさん (20代) | 1,500字/分 ➡ | 11,200字/分 |
| 広告会社勤務 Cさん (30代) | 1,440字/分 ➡ | 10,200字/分 |
| 建築事務所経営 Dさん (40代) | 275字/分 ➡ | 4,800字/分 |

# Part2

## ワーキングメモリを鍛える
# トレーニングの進め方

# トレーニングを
# はじめる前に

## 1 記録カードの準備

本書で掲載した各トレーニングは、その結果を記録しておくことが大切です。「記録カード（P158）」は、コピーしていつも手元においてください。

## 2 時間の計り方

トレーニングは、それぞれ制限時間があります。教室では講師が「ヨーイ、はじめ！」……、「ハイ、やめ！」……といった感じで号令をかけて進みますが、ひとりではそれができません。

そこで、たとえば**キッチンタイマーを準備して**時間を計ったり、あらかじめ自分の声で「ヨーイ、はじめ！」→（ここに各トレーニングで指定する時間の空白をつくる）→「ハイ、やめ！」といったように録音しておいて、それを再生して使うなどしてください。

また、スピードチェック、スピードボード、ロジカルテストでは指定の時間内に終わるようになった場合、次のトレーニングから**ストップウォッチを併用して**終わった時間も計ってください。

# カウント呼吸法

リラックス状態をつくる

## トレーニングの目的

　心身をリラックスさせることを目的とした呼吸法です。トレーニングをはじめる前に集中しやすい状態をつくります。目を閉じてゆっくり呼吸をすればよいぐらいの楽な気持ちで取り組んでください。

## トレーニング方法

　腰を伸ばして背もたれのある椅子に腰掛け、肩の力を抜いて頭を軽く前に落とすようにします。手は腿の上に乗せ、目は軽く閉じてまぶたの力を抜きます。

❶まず、息を吸いはじめます。

息を吸いながら、心の中で「ひと〜つ」と数えましょう。

❷いっぱいに吸い込んだら、今度は静かに吐き出します。

息を吐き出しながら、心の中で「力が抜けていく、力が抜けていく……」という暗示の言葉を静かに唱えます。

❸おなかがへこむまですっかり吐き切ったら、再び息を吸います。息を吸いながら、心の中で「ふた〜つ」と数えましょう。

❹息を吐くときには、❷と同じように暗示の言葉を繰り返します。「3分」になるまで、❶〜❹の動作を繰り返します。

カウント呼吸法終了後は、目を開けて首や肩をゆっくり回すなど体を動かして解除動作を行ないます。

### カウント呼吸法のやり方

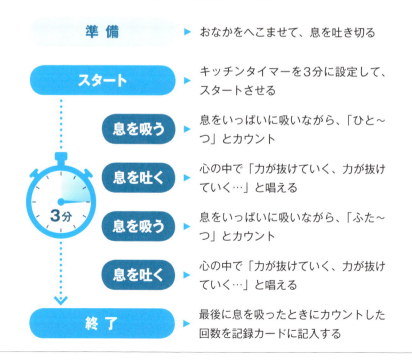

## 記録カードの記入方法

3分間の呼吸数がいくつだったかを記録します。心の中で数えた数をそのまま記入します。

- 3分間の呼吸数がいくつだったかを記入
- カウント数のみを記入する
- カウントの途中で時間が来ても"15回半"などとはせず"15"と記入

| 訓練回・日付<br>トレーニング名 | 1回目 | 2回目 | 3回目 |
|---|---|---|---|
|  | 11月15日 | 11月18日 | 月　日 |
| カウント呼吸法 | 15回 | 17回 | 回 |
| スピードチェック | 18 | 40(58秒) |  |
| スピードボード | 13/15 | 2'55"<br>28/30 | / |
| ロジカルテスト | 15/16 | 2'57"<br>28/30 | / |

※記録カードはP158にあります。

---

### 池袋博士のアドバイス

『速読らくらくエクササイズ』でトレーニングを解説した池袋博士再登場じゃ。教室の高校生たちにカワイイと言われたのが忘れられん。パワーアップしてアドバイスするからよく聴いてくれよ。

**カウント呼吸法は息を吐き出すとき、力が抜ける気持ち良さを味わうのがポイントじゃ。**「力が抜けていく、力が抜けていく……」と暗示の言葉だけを心の中で唱えてみよう。頭でいろいろ考えてしまうと、焦ってしまうものじゃからな。

はじめはだいたい15～25回くらいが平均じゃな。目標回数は7回じゃ。**息を吸う時間よりも、吐く時間を長くするとよいぞ。その時間の割合は、だいたい1：3くらいじゃ。**

また、イスがない場合は、正座やあぐらなどの姿勢でもかまわない。あまり姿勢が崩れてしまうとマイナスじゃが、腹式呼吸（普段より深い呼吸）がしやすい状態であればOKじゃ。

読書や勉強をはじめる前に、カウント呼吸法を取り入れると、集中度が違うぞ。試験本番前の緊張しているときなどは、効果は絶大じゃ！

## 広く見ると同時に手を使う
# スピードチェック

!  トレーニング問題はP64〜P83にあります。

### トレーニングの目的

　速さと正確さを追求していくトレーニングです。目と手を同時に使うことによって、情報処理の速さだけではなく、集中力も鍛えられます。

### トレーニング方法　制限時間 1分

　左側にゴシック（太字）で書かれている漢字や英単語と同じものを、その右側の8個から素早く見つけ出し、○印をつけていきます。○印は丁寧でなくてもよいのですが、条件をそろえるため必ず○印にしてください。「方角（漢字）」「英単語」の2つのパターンがあります。

**同じ方角（漢字）を探していく**

**同じ英単語を探していく**

難易度のステップアップは、とくにありませんが、「方角（漢字）」→「英語」という順番で進めてください。

### 記録カードの記入方法

○印をつけたところまでの数字を記入します。答え合わせは必要ありません。

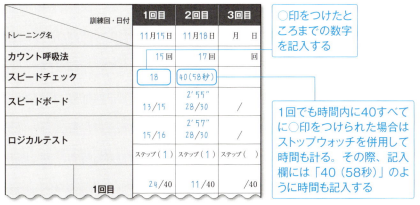

※記録カードはP158にあります。

## ■レベルチェック表

| ○印をつけられた数 | レベル | コメント |
|---|---|---|
| 0〜15 | A | 余計なことを考えてしまうと集中できません。まずは目の前のトレーニングに全力を出すことだけを心がけましょう。きれいに○印をつける必要はありません。 |
| 16〜20 | B | はじめの平均値はこれくらいです。「東南東」を「とうなんとう」などのように頭で読み上げる必要はありません。瞬間的に形で判断しましょう。 |
| 21〜30 | C | 形の特徴をつかむことがポイントです。「北」などの見やすい文字を目印にしてみてください。また、「ひとつでも先へ」とがむしゃらに行なうことも大切です。 |
| 31〜35 | D | 「30」を超えると、かなり集中力がついてきたといえます。さらに先へ進むために、なるべく1行全体をひと目で見るように心がけてください。 |
| 36〜40 | E | クリアまであとひと息です。○印をつけているときには、手元を見る必要はありません。次の目標の文字をチェックしておけば、次の行に移ったときにすぐに探すことができます。 |
| 59秒でクリア〜49秒でクリア | F | 1分以内に40個すべてに○印がつけられるのは素晴らしい成果です。日常でもスピードチェックでグッと集中する感覚を応用して、スピードと精度を両立させましょう。 |
| 39秒でクリア | S | 教室では40秒を切る方もいます。ここまで到達すると、事務処理作業で苦労はなくなるでしょう。現在の教室でのトップタイムは26秒です。 |

**池袋博士のアドバイス**

　このトレーニングは、知的作業に没入するときの集中力を鍛える目的がある。また、ミスを減らしながら素早く処理することで、短時間で大量の情報を処理するときに、大きな効果があるのじゃ。こうした力はいくら理屈を言っても身につかんからのう。

　大人でも初めは20いくのが難しい。小学生なら、11以上ならリッパじゃ！ 15以上○できる子は集中力のある子じゃな。自信を持っていいぞ。

　**正解率は9割で可。トレーニングはスピード優先じゃ。**つねにスコアを意識しながら、頑張ろう！

Part**2** | ワーキングメモリを鍛えるトレーニングの進め方

## 〈スピードチェック〉 体験者の一口コメント

※クリエイト速読スクールは大学受験塾SEG（エスイージー）と提携し、講習を行なっています
※SEGの受講生は5日間のスコア、教室受講生はコメント時のスコアを掲載しています。
※コメントはクリエイト速読スクール公式ブログからピックアップしたものです（一部抜粋）。

「競争なので焦るが、焦る中での集中力はとても試験や試合で役立つと思った」（桜蔭・中3女子）

**スコア**

**C**ランク　➡　**F**ランク
26　　　　　　40（53秒）

「一生懸命に次にいこう、次にいこうと思ってやるので、すごく集中力が鍛えられました。いかにして速いスピードで終わらせるか必死になったので楽しかったし、前回よりスコアが上がると嬉しかったです」（桜蔭・高1女子）

**スコア**

**E**ランク　➡　**F**ランク
36　　　　　　40（55秒）

「見た瞬間にそれが何かを正確に読みとることができる能力がついたと思う。とくに、5日目の英単語はよかった。よく洋書を読むぼくにはぴったりでした」（本郷・高2男子）

**スコア**

**C**ランク　➡　**F**ランク
21　　　　　　40（59秒）

「このトレーニングでは、『先へ、先へ』の精神が鍛えられます。試験では、正解できるはずの問題に解答できないことがリスクなので、特定の問題に執着することは絶対に避けなければなりません。クリエイト入会前の私は、解答済みの問題に未練や執着があったため、全問に解答できたことはほとんどありませんでした。しかし、このトレーニングを受けることで、解答済みの問題に未練や執着がなくなり、『先へ、先へ』の精神が芽生えました。解答できる問題にすべて解答できたことは、こうした要因もあったと思われます」（公認会計士試験合格者・20代男性）

**スコア**

**C**ランク　➡　**F**ランク
22　　　　　　40（54秒）

「目的のものを探すときに、パッと目に入りやすくなった。読書においても文字が追いやすくなり、今までは苦だった読書が面白いと思えるようになってきた」（都立西・高1男子）

**スコア**

**E**ランク　➡　**F**ランク
38　　　　　　40（43秒）

37

# 2 スピードボード

イメージ処理のスピードを上げる

❗ トレーニング問題・解答はP84〜P95にあります。

## トレーニングの目的

目で見た文字を、頭の中でイメージする速度を上げるためのトレーニングです。それゆえ、指先でボードをなぞって答えを出したのでは、トレーニングの効果は上がりません。

情報を理解する速度を限りなく速くする、実践的なトレーニングです。

## トレーニング方法 制限時間 3分

### ●ステップ1

ステップ1のボードを机の前方に置きます。ボードは〔3×3〕のマス目になっていますが、必ず「0」の位置からスタートします。

問題文に従って〔3×3〕のマス目の中を「上へ1 右へ1 ……」とイメージしながら動かしていきます。その際、ボードを見ずに頭の中だけで動かしましょう。

最後にたどり着いた位置をステップ1のボード

### 〈ステップ1のボード〉

| A | 1 | B |
|---|---|---|
| 4 | O | 2 |
| D | 3 | C |

※コピーしてお使いください。

と照らし合わせてください。その位置にある数字、もしくはアルファベットが答えになります。解答欄に記入してください。

　制限時間は3分です。終わったら答え合わせをします。3分以内に終わるようになったら、ストップウォッチを併用して時間を計って終わった時間も記録してください。

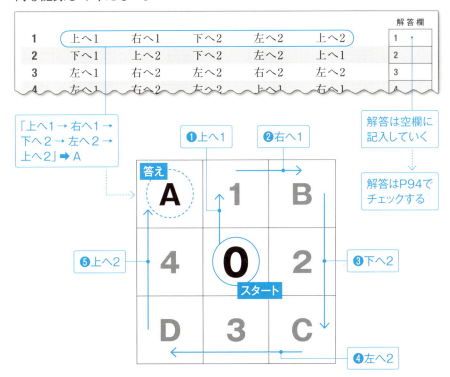

● ステップ2

　トレーニング方法はステップ1と同様ですが、ステップ2で使用するボードは〔4×4〕のマス目になっているので、動く範囲が広くなります。ステップ1のときと同じように、必ず「0」の位置からスタートします。

　問題文に従って〔4×4〕のマス目の中を「右へ2　下へ1　……」と頭の中でイメージしながら動かしていきます。

　最後にたどり着いた位置をステップ2のボードと照らし合わせてくださ

い。その位置にある数字、もしくはアルファベットが答えになります。解答欄に記入してください。

制限時間は3分です。終わったら答え合わせをします。3分以内に終わるようになったら、ストップウォッチを併用して時間を計って終わった時間も記録してください。

※コピーしてお使いください。

〈ステップ2のボード〉

| a | 1 | b | 2 |
|---|---|---|---|
| 6 | 0 | 7 | c |
| f | 8 | g | 3 |
| 5 | e | 4 | d |

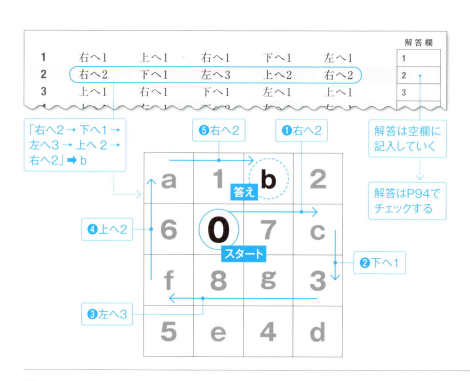

Part**2** | ワーキングメモリを鍛えるトレーニングの進め方

● **ステップアップ**

　トレーニング問題の1～7回目は「ステップ1」、8～10回目は「ステップ2」になります。ステップ2はチャレンジのつもりで行ないましょう。

## 記録カードの記入方法

| 訓練回・日付　トレーニング名 | 1回目 | 2回目 | 3回目 |
|---|---|---|---|
| カウント呼吸法 | 11月15日 | 11月18日 | 月　　日 |
| カウント呼吸法 | 15回 | 17回 | 回 |
| スピードチェック | 18 | 40(58秒) | |
| スピードボード | 13/15 | 2'55"　28/30 | / |
| ロジカルテスト | 15/16 | 2'57"　28/30 | / |

「正解の数／解いた数」（例：13／15　15問まで解答を出したが正解は13問だった）というように記入

3分以内に終わった場合は、ストップウォッチを使って、その時間も記入

※記録カードはP158にあります。

41

## ■レベルチェック表

| | 解いた問題数 | レベル | コメント |
|---|---|---|---|
| ステップ1 | 0〜10問 | A | 落ち着いてチャレンジしましょう。どうしてもできなければ、ボードを見ながらトレーニングをしてもOKです。ただ、慣れてきたら、再びボードを見ずにチャレンジしましょう。 |
| ステップ1 | 11〜20問 | B | 初めてチャレンジしたときに、これくらいまで到達できていれば十分です。動かしている途中の文字は答えに関係ありません。まずはイメージのスピードを上げようとしてください。 |
| ステップ1 | 21〜30問 | C | リズムよく解くことが大事です。文字を見てイメージするスピードを速くするためのトレーニングです。頭の回転を速くするつもりでがんばりましょう。 |
| ステップ1 | 3分以内にクリア〜2分15秒以内にクリア | D | イメージのスピードはかなり速いです。この感覚を、文章を読むときにも応用しましょう。文を見た瞬間にイメージをし、そのスピードを速くしていきます。また、余裕があれば、ボードの場所を覚えてみてください。確認する手間が省けます。 |
| ステップ2 | 開始〜20問 | E | ステップ2に入りましたね。4×4になりましたが、気をつける点は一緒です。ステップ1がクリアできた方なら、同じようにできるでしょう。落ち着いてトライしましょう。 |
| ステップ2 | 21問〜3分以内にクリア | F | ステップ2がクリアできるようになれば、よくできています。できれば、2分を切ることをめざしましょう。 |
| | | S | 教室では、6×6の合計36マスのスピードボードにチャレンジしている生徒さんがいます。その中でトップクラスの生徒さんは2分30秒くらいで終了します。 |

※間違いは3つまではOKです。4つ以上間違いがあったときは、ひとつ下のランクとなります。

**池袋博士のアドバイス**

　このトレーニングは慣れればそれほど難しいものではないぞ。イメージのスピードを速くするつもりで、楽しんでトレーニングすることがポイントじゃ。頭の中でポンポンイメージが動いていくのは、とても気持ちがいいものじゃ。**頭の中のイメージ処理のスピードを上げると、速く文字を読んでいるときにも文章の内容が読み取りやすくなっていくぞ。**

　このトレーニングのポイントはリズムじゃ。考え込んでしまうと、なかなか抜け出せなくなってしまうからのう。

Part**2** | ワーキングメモリを鍛えるトレーニングの進め方

サッサッサッと動かして、解答を記入する。なに、意外と間違わないものじゃ。

試験勉強がうまくいかないときは、このトレーニングだけサッと行い、頭をリフレッシュして、また勉強に戻るのもいいかもしれんのう。

---

## 〈スピードボード〉体験者の一口コメント

※本書ではステップ1［3×3］、ステップ2［4×4］のみですが、教室ではさらに［5×5］、［6×6］とレベルアップしていきます。
※スコアはコメント時のものです。
※コメントはクリエイト速読スクール公式ブログからピックアップしたものです（一部抜粋）。

「頭の中で表をイメージして、次々と負荷をかけるほど、スピードアップし、頭の回転が速くなった気がした」（会社員・40代男性）

**スコア**

**C**ランク　　　➡️　　**S**ランク
[3×3]　　　　　　　　[5×5]
26/26　　　　　　　　19/19

「頭の中に〔3×3〕の碁盤を思い浮かべ、冊子の『上へ2』といった指示に従って黒い碁石を指で滑らせるイメージを持って取り組んでいる。重要なのは明確なイメージを持つことと、一定のリズムを保って進めていくことだと思う」（外資・30代男性）

**スコア**

**D**ランク　　　➡️　　**S**ランク
[3×3]　　　　　　　　[5×5]
30/30（2分29秒）　　28/30（2分35秒）

「仕事の場面で、下書きなしに図や表を作成するようになりました。以前は、適当な裏紙に下書きしたうえでパソコンで清書していましたが、下書きが不要になりました。ロジカルテスト、スピードボードの成果かと思います」（大学教官・30代男性）

**スコア**

**D**ランク　　　➡️　　**S**ランク
[3×3]　　　　　　　　[6×6]
29/30（2分4秒）　　　22/23

「ロジカルテストやスピードボードを通じて、集中力とか頭の回転がよくなってきた気がする。問題のレベルが上がったとき、できなくて悔しいけど、集中しているので、終わった後の達成感が気持ちいい」（製薬会社・20代男性）

**スコア**

**D**ランク　　　➡️　　**S**ランク
[3×3]　　　　　　　　[5×5]
29/30（2分46秒）　　29/30（3分）

43

# 3 論理的に考える力をつける
# ロジカルテスト

⚠ トレーニング問題・解答はP96〜P107にあります。

## トレーニングの目的

　このトレーニングも「スピードボード」と同じように、見た情報を頭の中で素早く処理する能力を強化することが目的です。

　「ロジカルテスト」は、問題文を頭の中で整理することを通じて、読んだ本の内容を論理的に理解する力を鍛える点に特徴があります。論理的な思考に慣れている人ほど簡単に解ける傾向があります。

　このトレーニングをしている３分間、焦って頭の中が真っ白になったり、とてもハードな時間に感じる人もいるかもしれません。集中して取り組んでいくのはもちろんですが、混乱してしまったときは少しリラックスして問題にトライしましょう。

## トレーニング方法 制限時間 3分

### ●ステップ1・ステップ2

　設問を読んで、解答欄に「A」か「B」か「C」かの答えを記入します。答えを考えるときに、「A」「B」「C」を紙に書いたり、鉛筆で指したりせずに、あくまでも頭の中だけで行なってください。

　制限時間は３分です。終わったら答え合わせをしてください。

　３分以内に終わるようになったら、ストップウォッチを併用して時間を計って終わった時間も記録しておいてください。

44

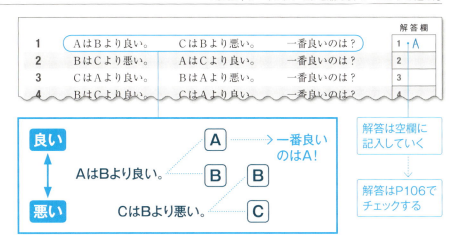

●ステップ3

　基本的なトレーニング方法は、ステップ1・2と同じです。異なる点は、ステップ3の場合、問題のなかに答えの出ないケースが入っている点です。
　答えが出ない場合は、解答欄に「／」、あるいは「×」と記入します。

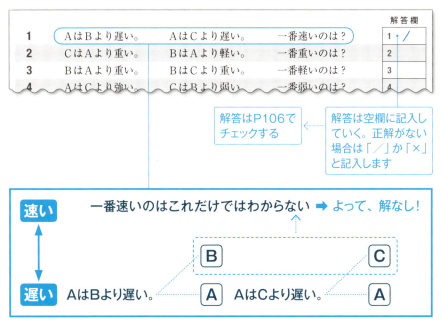

● ステップアップ

　ロジカルテストのステップ１で「２分15秒以内終了、かつ27問以上正解」するようになったらステップ２に。ロジカルテストステップ２で「２分15秒以内終了、かつ27問以上正解」するようになったらステップ３に移ってください。ステップアップの基準に達しなければ、同じステップを繰り返してください。

　トレーニング問題の１〜３回目が「ステップ１」、４〜７回目が「ステップ２」、８〜10回目が「ステップ３」になります。

## 記録カードの記入方法

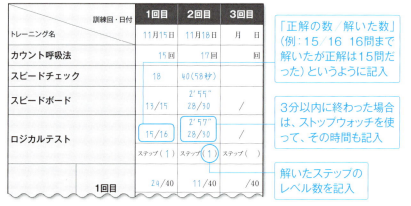

※記録カードはP158にあります。

Part**2** | ワーキングメモリを鍛えるトレーニングの進め方

## ■レベルチェック表

| 解いた問題数 | レベル | コメント |
|---|---|---|
| **ステップ1** 0~20問 | **A** | かなり頭をハードに使ったと思います。焦ってしまうと、頭が真っ白になってしまいますから、まずは落ち着いてチャレンジしましょう。 |
| 21~30問<br>（2分15秒） | **B** | 初回ではこれくらいできていれば十分です。落ち着いて取り組みましょう。変に「論理的」と考えなくてもいいですから、とにかく速く解こうと頑張ってみてください。 |
| **ステップ2** 開始~20問 | **C** | ステップ2からが本番です。ステップ1の延長線上にありますから、解き方のパターンを捉えるつもりで、まずは15問を目指していきます。 |
| 21~30問<br>（2分15秒） | **D** | さらに頭の回転を速くするつもりで頑張っていきましょう。ステップ2が「2分15秒以内」にクリアできるようになれば、ステップ3に移ってください。 |
| **ステップ3** 開始~20問 | **E** | ステップ3になると、解なし「×」のパターンが出てきます。そのパターンを見極めましょう。ステップ3は難しいので、焦らずにチャレンジしてください。 |
| 21~30問<br>（2分15秒） | **F** | ステップ3が3分以内に終了できるようになれば、とりあえずOKです。スピードのなかで論理を整理する力を、読書や試験問題を解くときに応用してみてください。 |
| | **S** | 今回の書籍ではステップ3までででしたが、教室では基本的な流れで20レベル以上の問題を用意しています。それでも、トップクラスの生徒さんだと最難関の問題を3分以内にクリアします。 |

※間違いは3つまではOKです。4つ以上間違いがあったときは、ひとつ下のランクとなります。

47

　はじめから「コツ」を探すのではなく、3分のトレーニングの中で一歩一歩、解答方法を探りながら進めるんじゃ。トレーニングをするときは、あまり「論理的に」と考えこむ必要はないぞ。なるべく頭の中のイメージをシンプルにすることが大切じゃ。メモを取ったりさえしなければ、どのような解き方でもかまわん。

　こういうことに慣れていないと、小学生なら6問、大人でも10問いくのが難しいはずじゃ。焦ってしまうとできないぞ。

　ロジカルテストは専門書を読むときに絶大な効果があるぞ。難しい文章を読むときでも、思考が持続できる忍耐力がつく。どんどん専門知識を増やして、ライバルに差をつけよう。

　**ひと言でいえば、頭の回転が速くなる！　資格試験・大学受験にチャレンジしているなら、コンディションを整えるつもりで試験本番直前に行なうのもいいかもしれんのう。**

Part2 | ワーキングメモリを鍛えるトレーニングの進め方

## 〈ロジカルテスト〉体験者の一口コメント

※教室でのロジカルテストAタイプは、本書でのロジカルテストステップ2に、Bタイプは本書でのステップ3に相当します。教室ではさらに複雑なC〜Gタイプまであります。
※SEGの受講生は5日間のスコア、教室受講生はコメント時のスコアを掲載しています。
※コメントはクリエイト速読スクール公式ブログからピックアップしたものです（一部抜粋）。

「与えられた複数の条件をできるだけ速く処理するということは、勉強に限らずいろいろな場面で役立つと思う。その能力を鍛えるこのトレーニングは私にとって一番効果的で応用できると感じた」（豊島岡女子・中3女子）

**スコア**

**B**ランク ➡ **S**ランク
Aタイプ Cタイプ
23/26 12/16

「3分という他のトレーニングよりも長い時間の集中は難しかったが、記録を伸ばそうと努力することで、スタートからラストまで集中力を持続させる練習ができた。他のことを何も考えずに目の前のことだけに集中するのは意外とできなかったから、よい経験になった」（鷗友学園・高2女子）

**スコア**

**B**ランク ➡ **S**ランク
Aタイプ Cタイプ
30/30（2分2秒） 16/18

「一番頭を使った気がする。短時間で論理的に考えるのは、単純な文章でも意外に難しい。けれど、それこそ社会で働くうえで大切なことだと思うし、これから大学に行って勉強を進めるときにも重要だと思う」（慶應女子・高3女子）

**スコア**

**B**ランク ➡ **S**ランク
Aタイプ Cタイプ
30/30（2分55秒） 13/18

「『正答率よりもスピードを優先する』という取り組み方を徹底できるようになり、しかも、正答率も上がってきた。じっくりと1問1問を考えてやっと正解を出すのではなく、省くべき思考は極力省き、効率よく正解に至ろうとする姿勢や思考形式が身についてきた。そのためか、仕事や読書を通じて文章に触れる際にも、絶対に押さえるべき本質と捨てても差し支えない枝葉の部分を見極める力が冴えてきていることを感じる」（編集者・30代女性）

**スコア**

**A**ランク ➡ **S**ランク
Aタイプ Eタイプ
17/17 30/30（2分10秒）

「ロジカルテストをやっていて感じることは、論理的に物事を考えることはもちろん、分析する力も磨かれるということです。4月から異動した新しい係の仕事では、様々な資料をもとにして、『ここから何が言えるのか』『なぜこうなったのか』『これは妥当な結論なのか』ということを導き出すことを要求されることが多くあるのですが、このような問いに自分なりに説得力ある回答を用意できるようになりました。さらに、はっきり断言できることとできないことの区別や不足している情報の裏を取るには何が必要か、ということも考えて情報収集し、論理構成する癖がついてきたと感じています」（公務員・30代男性）

**スコア**

**A**ランク ➡ **S**ランク
Aタイプ Fタイプ
20/20 20/30（2分19秒）

# 4 言葉（単語）をイメージする
## イメージ記憶

> トレーニング問題はP108〜P137にあります。

### トレーニングの目的

　文章を読んでいるときに、その場面や状況が頭の中で素早く浮かぶのと、そうでないのとでは、読書のスピードでも内容の理解度でも大きな差が出てきます。
「イメージ記憶トレーニング」は、言葉から素早くイメージを浮かべるトレーニングです。イメージ力を強化することで読書スピードのアップや、より深い内容の理解ができるようになります。
　そして、はっきりとイメージを浮かべることができるようになれば、それはより深い記憶の貯蔵庫に残り、意識的には忘れても、思い出すことが可能なものとして定着します。記憶力向上にも最適なトレーニングです。

### トレーニング方法　制限時間 2分　書き出し 2分30秒

〔問題〕は、上下で2個1組の単語が1ページに2段ずつ並んでいます。組になった2つの語の間には、意図的な関係はまったくありません。〔記入用紙〕は、〔問題〕に対応した内容で、単語の下段が空欄になっています。

①〔問題〕の2個1組になった単語40組を2分間で覚えていきます。2つの語をひとつのイメージにして心の中に思い浮かべながら覚えます。
　たとえば、「池」−「すべり台」ならば、「池に浸かっているすべり台」の

Part2｜ワーキングメモリを鍛えるトレーニングの進め方

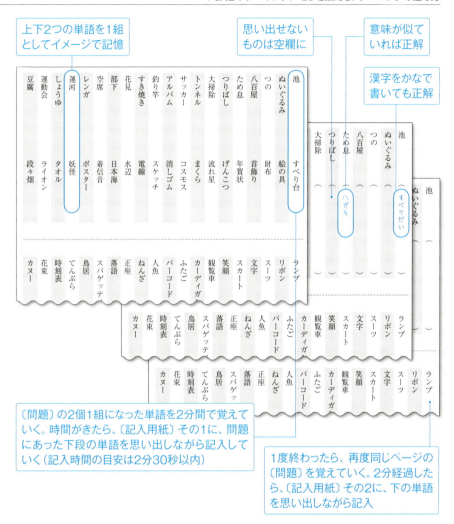

ように映像をイメージします。

　時間がきたら、〔記入用紙〕その1に〔問題〕にあった下段の単語を思い出しながら記入します（記入時間の目安は2分30秒以内）。

　思い出せないものは、空欄にします。

　②記入が終わったら答え合わせをせずに、再度同じページの〔問題〕を開き、1回目と同じことを繰り返します。

51

2分経過したら、〔記入用紙〕その2に、下の単語を思い出しながら記入します。

③書き終わったら〔問題〕のページを見て答え合わせをしてください。

## ●ステップアップ

最初の制限時間は2分間です。2分で行なっているときに、2回目の正解数が36以上になったら、それ以後は1回目、2回目とも、1分30秒でチャレンジしてください。1分30秒で行なっているときに2回目の正解数が36以上になったら1分、それ以後も同様に2回目の正解数が36以上になったら、45秒→30秒と制限時間を短縮してチャレンジしてください。

## 記録カードの記入方法

※記録カードはP158にあります。

Part**2** | ワーキングメモリを鍛えるトレーニングの進め方

## ■レベルチェック表

| | 2回目の正解数 | レベル | コメント |
|---|---|---|---|
| 2分 | 14以下/40 | A | イメージはなかなか難しいものです。イメージしづらい組み合わせのものは飛ばしてもかまいませんから、イメージしやすいものから覚えていってください。 |
| 2分 | 15/40〜29/40 | B | 初回の平均はこれくらいです。イメージをしやすくするためには、普段からよくモノを観察するようにしましょう。見た目だけではなく、触り心地や匂いなどにまで注目しましょう。 |
| 2分 | 30/40〜40/40 | C | ぼんやりとしたイメージでは記憶に残りません。抽象的なものでも、なるべく具体的にイメージすることがポイントです。また、多少変わったイメージを浮かべてみましょう。 |
| 1分30秒 | 25以下/40 | D | ここから1分30秒です。時間が短縮されていくにつれて、イメージのスピードが大切になっていきます。パッと思いついたイメージをつかむようにしましょう。 |
| 1分30秒 | 26/40〜40/40 | E | イメージすることに慣れてきましたね。ぜひ、日常の読書でも活用してみてください。場面を想像する、具体例をイメージしてみる、応用の範囲は広いです。 |
| 1分以内 | 1分以内でチャレンジ | F | よくできています。本を読むときも、言葉から反射的にイメージを浮かべましょう。記録としては、35/40（1分）以上を目指しましょう。 |
| 1分以内 | 30秒以内でチャレンジ | S | 教室では、1回目、2回目とも20秒で全問正解をする生徒さんがいます。ここまで到達すると、何かを覚えるときに苦労することはなくなります。 |

53

イメージ力は日常生活ではそれほど意識をしないが、読書・勉強・仕事ではとても大切な力じゃな。ここで得たイメージによる記憶の感覚が実際の読書で活かされてくると、文章の要点を素早く記憶し、ラクに思い出せるようになる。

たとえ一度忘れてしまったとしても、必要なときにすぐ思い出せるので、ずいぶんと便利じゃ。必死に丸暗記して、あとから思い出せないのとは対極の覚え方じゃな。

イメージがうまくできるかどうかで、本に対する集中度も変わる。とくに、未知の分野の本を読むときには、イメージの豊富さがものをいうぞ。いままでの知識に結びつけができるからな。

**丸暗記の覚え方がクセになっていると時間がかかってしまうが、あるときを境に急にできるようになるぞ。一枚の"絵"として思い浮かべるのがポイントじゃ。**

Part**2** | ワーキングメモリを鍛えるトレーニングの進め方

## 〈イメージ記憶〉体験者の一口コメント

※記録はいずれも、2回目の正答数です。
※SEGの受講生は5日間のスコア、教室受講生はコメント時のスコアを掲載しています。
※コメントはクリエイト速読スクール公式ブログからピックアップしたものです（一部抜粋）。

「イメージ記憶が普段の暗記にとても役立っていて、物事を覚えるときは絵やイメージから入るようになり、忘れにくくなった」（豊島岡女子・高2女子）

**スコア**

**E**ランク
39/40（1分30秒）　➡　**S**ランク
28/40（30秒）

「『いかに速く頭の中で画を作れるか』という練習ができて、文章中の情景描写をイメージすることが楽になったことを実感しました」（開成・高2男子）

**スコア**

**E**ランク
36/40（1分30秒）　➡　**F**ランク
30/40（45秒）

「イメージ記憶のおかげか、日常でも文字を見ると、パッとイメージが湧くようになりました」（銀行員・20代男性）

**スコア**

**E**ランク
39/40（1分30秒）　➡　**S**ランク
33/40（30秒）

「普通に丸暗記で関係性のない2つの単語を覚えても、40個中せいぜい10個ぐらいだが、自分の頭の中でイメージを膨らませ、関連性をつけて覚えることで、2分程度で30個も覚えられたので驚いた。また、これは勉強の時に直接使えるのでとても便利だと思った」（成蹊・高2男子）

**スコア**

**B**ランク
24/40（2分）　➡　**F**ランク
29/40（1分）

「中学・高校での勉強では、どの科目でも暗記はあります。英語なら熟語や単語、数学なら公式と何のつながりもない面白みもないことをとにかく暗記しなくてはなりません。そこで今回の訓練でやったイメージ記憶がとても役に立ってくると思います」（東京農大一高・高2女子）

**スコア**

**E**ランク
38/40（1分30秒）　➡　**F**ランク
29/40（45秒）

# 5 書いた人の主張を追いかける
## イメージ読み

⚠ トレーニング問題はP138〜P157にあります。

## トレーニングの目的

　BTRメソッドにおける「イメージ読み」は、基本的には物語・小説を教材にします。内容を十分にイメージする力をつけることを目的とし、書かれていた言葉を1単語（1文節）ずつたくさん書くトレーニングです。

　その応用編として、本書では実用的な文章や論理的な文章を読む力をつけるため、各段落を文として思い出すトレーニングをします。段落を意識して読むことは、著者の主張を短時間で把握する効果的な方法です。

## トレーニング方法 制限時間 2分 書き出し 5分

　教材として掲載したコラム（『身心を調える』太奇俊也著、日本実業出版社刊）を2分間読みます。このとき、意味的なまとまりを示す「段落」を意識して読みます。

　1回のコラムの文字数は毎回1,000字前後です。制限時間内であれば何回読み返してもかまいませんが、言葉を覚えようとするよりも、著者の意見・主張・展開の仕方を読み取ろうとしてください。

　解答欄には各段落の最初の文節、句が記されています。これらをヒントに各段落ごとに内容を思い出して書き出していきます。解答欄に1行以上書ければ正解です。書き出しの時間は5分です。

### ●ステップアップ

　制限時間2分のときに書き出せた段落数が、「全段落数（分母）−2」以上ならば、制限時間を1分30秒にしましょう。同様に、1分30秒のときに書き出せた段落数が、「全段落数（分母）−2」以上ならば、制限時間を

Part2 | ワーキングメモリを鍛えるトレーニングの進め方

**1回目** ➡ 読み 　　　　　　　　　　　制限時間 2分

## 生活の場を調えると暮らしの質は向上します

**1** 「歩歩是道場」という禅語があります。

**2** 「禅僧にとって、坐禅道場だけが修行の場ではない。日々の生活が即道場であり、修行である」といった意味です。

**3** 学生にとっての学校、社会人にとっての職場は、とても大切な場所です。夫婦や親子の関係を築く家庭は、人としての学びの場です。

**4** 「人生は、家庭にあるときも、学問を学ぶときも、仕事に明け暮れるときも、その場その場が、（学ぶべき）道場であり、（行なうべき）修行である」と、私はお話しています。

**5** どんな暮らしをしていても、いくつになっても、そのことに変わりはないでしょう。一人暮らしの方にとっても、それは同様です。

**6** 住まいや仕事場を落ち着いた場所に調えることによって、生活は必ず向上するはずです。

**7** その中で、一歩一歩充実した人生を歩むことができれば素晴らしいことですね。

- タイトルはメインテーマ。つねにタイトルを意識した読み方を心がける
- 読む時間に余裕があったら、細部を覚えようとするよりも話の流れを思い浮かべてみる
- よい文章には必ず書き手の答え（読み手に伝えたいこと）が用意されている

---

**1回目** ➡ 書き 　　　　　　　　　　　制限時間 5分

**問題** 冒頭に書かれた言葉をヒントに、各段落をまとめてみましょう。（ ）内の数は、その段落を構成している文章の数です。

**回答欄** 生活の場を調えると暮らしの質は向上します

**1** (1文)「歩歩是道場」

**2** (2文)「禅僧にとって、

**3** (2文) 学生にとっての

**4** (1文)「人生は、

**5** (2文) どんな暮らしを

**6** (1文) 住まい

**7** (1文) その中で、

- 慣れないうちは「禅僧」「道場」などの単語だけでもかまわない。とにかく何かを書き出す
- 少し慣れてきたら「一歩一歩充実した人生は素晴らしい」などと、多少間違えてもかまわないから主語と述語のある文にしてみる

1分にします。1分のときに書き出せた段落数が「全段落数（分母）− 2」以上ならば、制限時間は45秒、45秒のときに書き出せた段落数が「全段落数（分母）− 2」以上ならば、制限時間を30秒にします。

Part2｜ワーキングメモリを鍛えるトレーニングの進め方

## 記録カードの記入方法

| 訓練回・日付 | 1回目 | 2回目 | 3回目 |
|---|---|---|---|
| トレーニング名 | 11月15日 | 11月18日 | 月　日 |

| イメージ記憶 | | | | |
|---|---|---|---|---|
| 2回目 | | 36/40 | 19/40 | /40 |
| | | 2分 0秒 | 2分 0秒 | 分　秒 |
| イメージ読み | | ⑧/10 | 8/9 | /7 |
| | | 2分 0秒 | 1分30秒 | 分　秒 |

書き出せた段落の数を記入する

設定した制限時間を記入する

※記録カードはP158にあります。

## ■レベルチェック表

| | 書き出せた段落数 | レベル | コメント |
|---|---|---|---|
| 2分 | 「全段落数-3」以下 | A | 緊張してしまうとうまく内容が取れません。リラックスしてチャレンジしてみてください。まずは単語でもかまわないので、最初の文をヒントにして、とにかく何かを書き出そうとしましょう。 |
| 2分 | 「全段落数-2」以上 | B | まずは2分でしっかりと書ければ十分です。抜けた箇所がある方は、全体の流れを意識して、前後の文脈から思い出そうとしてみると、意外と思い出せるはずです。 |
| 1分30秒 | 「全段落数-3」以下 | C | 1分30秒になると少し大変です。言葉を覚えよう、内容を暗記しよう、とすると読む時間が足りなくなってしまいますから、著者が読者にどのようなことを伝えようとしているかを意識しましょう。 |
| 1分30秒 | 「全段落数-2」以上 | D | 1分30秒で内容がしっかり書ければ、素早く正確に理解する力があります。キーワードとなりそうな単語や句を○で囲んでいくと、メリハリのある読み方ができます。 |
| 1分以内 | 1分でチャレンジ | E | 初回の半分の制限時間です。かなり読み取りのスピードが速いです。自信を持って、さらに内容の抜け落ちを少なくしましょう。 |
| 1分以内 | 45秒でチャレンジ〜30秒でチャレンジ | F | ここまで到達できればよくできています。実際の読書でも、段落を意識しながら読み取ろうとしてみてください。その際、漫然と読むのではなく、制限時間を意識しながら読むと、より効率的に読書ができます。 |
| 1分以内 | 15秒 | S | 教室ではこのくらいの分量の文章を15秒で読みきり、内容を詳細に書ける生徒さんがいます。 |

59

　慣れないうちはほとんど内容を思い出せないこともあるが、冒頭の書き出しをヒントに思い出してみよう。すぐにあきらめずに、少しでも覚えていることを書こうとすることが大切じゃ。書き出しの制限時間の5分間は、途中で投げ出してはいけない時間でもある。もっと言えば、最初は作家気分で「作る」ぐらいの気持ちでええのじゃ。

　人の名前や固有名詞を思い出すのは少し難しいかもしれん。そんなときは、固有名詞はあいまいでもよいから、何とか覚えているところだけでも書き出してみよう。書いているうちに思い出すということもあるぞ。一文一文や各段落がどうつながっているかを理解しながら読み進めるのがポイントじゃな。

　課題図書である『身心を調える』はよい本じゃ。トレーニング外でも、ぜひ読むことをお薦めするぞ。

　もし、トレーニング外でこうしたことをやりたければ、**新聞のコラムを使うとよい。短いコラムを短時間で段落ごとにまとめることを繰り返せば、かなり要旨をつかむ力がつくはずじゃ。**

Part2 | ワーキングメモリを鍛えるトレーニングの進め方

## 〈イメージ読み〉体験者の一口コメント

※教室でのイメージ読みは1500字程度の小説を教材に、制限時間3分で読み、その後、文章中の言葉を書き出していきます。こちらの記録は書き出せた語数です。書き出し語数が増えると、制限時間が短縮されていきます。
※スコアはコメント時のものです。
※コメントはクリエイト速読スクール公式ブログからピックアップしたものです（一部抜粋）。

「速読しているときの自分の理解度を測るのに便利です」（IT・30代男性）

**スコア**

**A**ランク　➡　**F**ランク
37個（3分）　　　61個（45秒）

「小説を読むとき、読後もストーリーがイメージとして脳内に残るようになってきた。読んでいるときも文字を追っているのではなく、映画をみているような感覚になることができた」（シンクタンク・20代女性）

**スコア**

**B**ランク　➡　**F**ランク
65個（3分）　　　61個（45秒）

「好きな訓練のひとつ。もっと頻度を増やしてほしい。読書の形式に最も近く、かつ理解力など実力が明確に評価できるのがよいと思う」（東大工学部大学院生・20代男性）

**スコア**

**A**ランク　➡　**F**ランク
45個（3分）　　　42個（30秒）

「教室外での読書でも小説などに限られるが読むのが速くなったと感じる。その際はイメージ読みの要領で思い浮かべつつ読んでいる」（ソフトウェア開発エンジニア・30代男性）

**スコア**

**A**ランク　➡　**E**ランク
49個（3分）　　　65個（1分）

61

# Part3

## 10回分にチャレンジ
## レッツ!
## トレーニング

広く見ると同時に手を使う

# 1 スピードチェック

🔔 トレーニング方法はP34～P37にあります。

## 1回目

| | | | | | | | | |
|---|---|---|---|---|---|---|---|---|
| 1 | **西南西** | 東南東 | 北北東 | 南南西 | 西南西 | 北北西 | 西北西 | 東北東 | 南南東 |
| 2 | **北北東** | 北北西 | 西北西 | 東南東 | 西南西 | 南南西 | 北北東 | 南南東 | 東北東 |
| 3 | **南南西** | 西北西 | 南南西 | 東北東 | 北北西 | 東南東 | 北北東 | 西南西 | 南南東 |
| 4 | **東北東** | 南南東 | 北北東 | 東南東 | 東北東 | 西北西 | 南南西 | 西南西 | 北北西 |
| 5 | **西北西** | 東南東 | 北北東 | 西北西 | 南南西 | 西南西 | 南南東 | 北北西 | 東北東 |
| 6 | **南南西** | 西南西 | 北北西 | 南南西 | 西北西 | 北北東 | 東北東 | 南南東 | 東南東 |
| 7 | **北北東** | 西北西 | 南南西 | 南南東 | 東北東 | 東南東 | 北北東 | 北北西 | 西南西 |
| 8 | **東南東** | 南南西 | 南南東 | 東北東 | 西北西 | 北北東 | 西南西 | 北北西 | 東南東 |
| 9 | **南南西** | 東北東 | 南南東 | 西南西 | 西北西 | 東南東 | 北北西 | 南南東 | 北北東 |
| 10 | **北北東** | 南南西 | 西南西 | 南南東 | 東北東 | 北北西 | 西北西 | 北北東 | 東南東 |
| 11 | **南南西** | 東北東 | 北北東 | 西南西 | 南南西 | 南南東 | 東南東 | 西北西 | 北北西 |
| 12 | **北北東** | 南南東 | 北北東 | 西南西 | 北北西 | 東南東 | 東北東 | 西北西 | 南南西 |
| 13 | **北北西** | 東南東 | 南南西 | 南南東 | 北北西 | 西南西 | 西北西 | 東北東 | 北北東 |
| 14 | **南南西** | 北北西 | 東南東 | 西南西 | 西北西 | 北北東 | 南南東 | 南南西 | 東北東 |
| 15 | **北北東** | 東北東 | 西北西 | 北北東 | 南南東 | 西南西 | 南南西 | 北北西 | 東南東 |
| 16 | **西北西** | 南南西 | 西南西 | 東北東 | 北北西 | 北北東 | 東南東 | 西北西 | 南南東 |
| 17 | **東北東** | 西南西 | 南南西 | 東北東 | 西北西 | 北北東 | 北北西 | 東南東 | 南南東 |
| 18 | **西北西** | 西北西 | 北北西 | 西南西 | 北北東 | 南南東 | 南南西 | 東北東 | 東南東 |
| 19 | **南南東** | 西北西 | 西南西 | 東南東 | 南南東 | 北北西 | 南南西 | 北北東 | 東北東 |
| 20 | **南南西** | 北北西 | 南南東 | 西南西 | 南南東 | 西北西 | 東北東 | 東南東 | 北北東 |

Part**3** | 10回分にチャレンジ レッツ! トレーニング

制 限 時 間 1 分

| | | | | | | | | | |
|---|---|---|---|---|---|---|---|---|---|
| 21 | 北北東 | 東南東 | 東北東 | 南南東 | 南南西 | 北北西 | 西南西 | 西北西 | 北北東 |
| 22 | 南南西 | 東北東 | 西南西 | 南南西 | 北北西 | 東南東 | 北北東 | 南南東 | 西北西 |
| 23 | 西南西 | 南南東 | 北北東 | 西南西 | 北北西 | 東北東 | 東南東 | 南南東 | 西北西 |
| 24 | 南南東 | 北北東 | 東北東 | 西北西 | 東南東 | 南南西 | 北北西 | 西南西 | 南南東 |
| 25 | 南南西 | 東北東 | 北北東 | 南南西 | 西北西 | 北北東 | 南南東 | 西南西 | 東南東 |
| 26 | 北北西 | 南南東 | 西北西 | 北北西 | 北北東 | 南南西 | 東南東 | 東北東 | 西南西 |
| 27 | 南南東 | 北北東 | 東南東 | 東北東 | 南南東 | 北北東 | 西北西 | 南南東 | 西南西 |
| 28 | 北北西 | 南南西 | 西北西 | 東北東 | 東南東 | 南南東 | 北北西 | 西南西 | 北北東 |
| 29 | 南南西 | 西北西 | 北北西 | 西南西 | 東北東 | 南南東 | 東南東 | 北北東 | 南南西 |
| 30 | 東北東 | 西北西 | 東南東 | 西南西 | 北北東 | 東北東 | 南南東 | 北北西 | 南南西 |
| 31 | 西北西 | 北北東 | 南南西 | 西南西 | 東北東 | 東南東 | 南南東 | 北北西 | 西北西 |
| 32 | 西南西 | 東北東 | 南南東 | 北北東 | 西北西 | 南南西 | 東南東 | 西南西 | 北北西 |
| 33 | 西南西 | 西北西 | 西南西 | 北北東 | 東北東 | 東南東 | 南南西 | 南南東 | 北北西 |
| 34 | 西北西 | 東北東 | 西南西 | 北北東 | 北北西 | 西北西 | 東南東 | 南南東 | 南南西 |
| 35 | 北北東 | 東南東 | 北北東 | 西北西 | 南南西 | 北北西 | 東北東 | 西南西 | 南南東 |
| 36 | 南南東 | 東南東 | 南南西 | 東北東 | 北北西 | 西北西 | 南南東 | 西南西 | 北北東 |
| 37 | 西北西 | 北北西 | 南南西 | 西南西 | 東南東 | 西北西 | 北北東 | 東北東 | 南南東 |
| 38 | 東北東 | 東北東 | 北北西 | 西南西 | 南南西 | 西北西 | 東南東 | 北北東 | 南南西 |
| 39 | 東南東 | 東南東 | 南南西 | 西南西 | 北北西 | 東北東 | 西北西 | 北北東 | 南南東 |
| 40 | 北北西 | 東南東 | 南南西 | 西南西 | 西北西 | 北北東 | 北北東 | 南南東 | 東北東 |

65

# 1 スピードチェック

## 2回目

| 1 | **西南西** | 南南西 | 東北東 | 東南東 | 北北西 | 北北東 | 南南東 | 西南西 | 西北西 |
| 2 | **南南東** | 北北東 | 南南西 | 東南東 | 北北西 | 東北東 | 西南西 | 南南東 | 西北西 |
| 3 | **南南東** | 南南西 | 南南東 | 西北西 | 東南東 | 東北東 | 北北東 | 西南西 | 北北西 |
| 4 | **北北西** | 西北西 | 南南西 | 南南東 | 西南西 | 東南東 | 北北東 | 東北東 | 北北西 |
| 5 | **西北西** | 東南東 | 西北西 | 南南西 | 西南西 | 北北東 | 北北西 | 南南東 | 東北東 |
| 6 | **北北東** | 南南東 | 東北東 | 西南西 | 北北東 | 東南東 | 北北西 | 南南西 | 西北西 |
| 7 | **東北東** | 東南東 | 東北東 | 南南東 | 西北西 | 西南西 | 北北東 | 北北西 | 南南西 |
| 8 | **北北西** | 南南西 | 北北西 | 西南西 | 西北西 | 東南東 | 南南東 | 東北東 | 北北東 |
| 9 | **西北西** | 東北東 | 北北東 | 南南西 | 南南東 | 北北西 | 西北西 | 西南西 | 東南東 |
| 10 | **東北東** | 北北西 | 南南東 | 西北西 | 西南西 | 南南西 | 北北東 | 東南東 | 東北東 |
| 11 | **北北西** | 東北東 | 西北西 | 北北西 | 東南東 | 西南西 | 南南西 | 南南東 | 北北東 |
| 12 | **東南東** | 西北西 | 南南西 | 北北東 | 南南東 | 西南西 | 東南東 | 東北東 | 北北西 |
| 13 | **東北東** | 東南東 | 西南西 | 西北西 | 南南東 | 北北東 | 北北西 | 南南東 | 東北東 |
| 14 | **南南西** | 北北西 | 南南西 | 北北東 | 南南東 | 西南西 | 西北西 | 東北東 | 東南東 |
| 15 | **北北東** | 南南西 | 西北西 | 南南東 | 東南東 | 西南西 | 北北西 | 北北東 | 東北東 |
| 16 | **南南西** | 東南東 | 北北東 | 西北西 | 南南東 | 北北西 | 東北東 | 西南西 | 南南西 |
| 17 | **東北東** | 南南東 | 西北西 | 東南東 | 西南西 | 北北東 | 北北西 | 東北東 | 南南西 |
| 18 | **南南東** | 南南東 | 東南東 | 西北西 | 東北東 | 北北西 | 北北東 | 南南西 | 西南西 |
| 19 | **南南西** | 南南東 | 南南西 | 東北東 | 東南東 | 西南西 | 北北西 | 西北西 | 北北東 |
| 20 | **南南東** | 東北東 | 西南西 | 南南東 | 北北東 | 東南東 | 北北西 | 南南東 | 西北西 |

Part**3** | 10回分にチャレンジ レッツ! トレーニング

制 限 時 間 1 分

| 21 | **北北西** | 北北東 | 南南東 | 東南東 | 北北西 | 西北西 | 南南西 | 西南西 | 東北東 |
| 22 | **北北西** | 東北東 | 東南東 | 南南東 | 西北西 | 北北西 | 北北東 | 西南西 | 南南西 |
| 23 | **南南東** | 東北東 | 南南東 | 西北西 | 北北西 | 北北東 | 西南西 | 南南西 | 東南東 |
| 24 | **西南西** | 北北西 | 西北西 | 西南西 | 東南東 | 東北東 | 北北東 | 南南西 | 南南東 |
| 25 | **東南東** | 南南西 | 東南東 | 西北西 | 南南東 | 北北東 | 東北東 | 北北西 | 西南西 |
| 26 | **東北東** | 北北東 | 東北東 | 南南西 | 北北西 | 南南東 | 西南西 | 西北西 | 東南東 |
| 27 | **西北西** | 南南東 | 西南西 | 北北西 | 東北東 | 北北東 | 南南東 | 西北西 | 東南東 |
| 28 | **東北東** | 西南西 | 南南東 | 西北西 | 東北東 | 東南東 | 北北西 | 南南西 | 北北東 |
| 29 | **南南東** | 南南東 | 西北西 | 東南東 | 北北西 | 東北東 | 南南東 | 北北東 | 西南西 |
| 30 | **北北西** | 南南西 | 南南東 | 西北西 | 東南東 | 北北東 | 東北東 | 北北東 | 西南西 |
| 31 | **東南東** | 北北東 | 北北西 | 東北東 | 東南東 | 西北西 | 西南西 | 南南東 | 南南西 |
| 32 | **南南東** | 南南西 | 西北西 | 北北西 | 北北東 | 西南西 | 南南東 | 東南東 | 東北東 |
| 33 | **北北西** | 西北西 | 西南西 | 東南東 | 南南西 | 北北西 | 南南東 | 北北東 | 東北東 |
| 34 | **東北東** | 南南西 | 南南東 | 北北西 | 北北東 | 東北東 | 西南西 | 西北西 | 東南東 |
| 35 | **北北西** | 北北西 | 南南西 | 東南東 | 南南東 | 東北東 | 西南西 | 西北西 | 北北東 |
| 36 | **南南東** | 北北西 | 南南東 | 南南西 | 東北東 | 西南西 | 東南東 | 北北東 | 西北西 |
| 37 | **西南西** | 南南西 | 北北東 | 西北西 | 西南西 | 東南東 | 南南東 | 北北西 | 東北東 |
| 38 | **西北西** | 北北西 | 南南西 | 西北西 | 西南西 | 東北東 | 南南東 | 東南東 | 北北西 |
| 39 | **西南西** | 西北西 | 北北東 | 南南西 | 東北東 | 西南西 | 東南東 | 南南東 | 北北西 |
| 40 | **南南西** | 北北東 | 西北西 | 西南西 | 東南東 | 東北東 | 北北西 | 南南西 | 南南東 |

67

# 1 スピードチェック

## 3回目

| | | | | | | | | |
|---|---|---|---|---|---|---|---|---|
| 1 | **東南東** | 西北西 | 西南西 | 東北東 | 南南東 | 東南東 | 北北西 | 南南西 | 北北東 |
| 2 | **南南西** | 西南西 | 東北東 | 北北東 | 東南東 | 北北西 | 西北西 | 南南東 | 南南西 |
| 3 | **南南西** | 西北西 | 北北西 | 南南西 | 西南西 | 東北東 | 東南東 | 北北東 | 南南東 |
| 4 | **西北西** | 南南東 | 南南西 | 東北東 | 東南東 | 北北西 | 西北西 | 北北東 | 西南西 |
| 5 | **南南東** | 北北西 | 西南西 | 東北東 | 東南東 | 南南東 | 北北東 | 南南西 | 西北西 |
| 6 | **東南東** | 西北西 | 西南西 | 北北東 | 北北西 | 南南西 | 東南東 | 南南東 | 東北東 |
| 7 | **東南東** | 東北東 | 北北西 | 北北東 | 西南西 | 南南東 | 東南東 | 西北西 | 南南西 |
| 8 | **西北西** | 東北東 | 南南西 | 西南西 | 北北西 | 南南東 | 北北東 | 東南東 | 西北西 |
| 9 | **北北西** | 北北西 | 東北東 | 西南西 | 南南西 | 北北西 | 西北西 | 東南東 | 南南東 |
| 10 | **南南西** | 南南西 | 西南西 | 東北東 | 北北東 | 南南東 | 西北西 | 北北西 | 東南東 |
| 11 | **西南西** | 北北西 | 北北東 | 南南西 | 南南東 | 西北西 | 東北東 | 東南東 | 西南西 |
| 12 | **北北西** | 西北西 | 北北西 | 西南西 | 北北東 | 東北東 | 南南東 | 東南東 | 南南西 |
| 13 | **西北西** | 東南東 | 北北西 | 南南西 | 南南東 | 北北西 | 西南西 | 東北東 | 西北西 |
| 14 | **東北東** | 南南東 | 南南西 | 東北東 | 北北西 | 北北東 | 西北西 | 東南東 | 西南西 |
| 15 | **北北東** | 西北西 | 北北西 | 西南西 | 南南東 | 東南東 | 南南西 | 北北東 | 東北東 |
| 16 | **東北東** | 南南東 | 西南西 | 南南東 | 東北東 | 北北西 | 東南東 | 西北西 | 北北東 |
| 17 | **北北東** | 西南西 | 西北西 | 東南東 | 南南東 | 北北西 | 東北東 | 南南西 | 北北西 |
| 18 | **東南東** | 西南西 | 東北東 | 南南西 | 北北東 | 東南東 | 北北西 | 西北西 | 南南東 |
| 19 | **西南西** | 東北東 | 西南西 | 北北東 | 東南東 | 南南西 | 南南東 | 北北西 | 西北西 |
| 20 | **西南西** | 南南西 | 西北西 | 南南東 | 北北東 | 東北東 | 東南東 | 北北西 | 西南西 |

68

Part**3** | 10回分にチャレンジ レッツ! トレーニング

制限時間 1 分

| 21 | 北北東 | 西南西 | 北北東 | 東北東 | 北北西 | 南南東 | 西北西 | 南南西 | 東南東 |
|----|--------|--------|--------|--------|--------|--------|--------|--------|--------|
| 22 | 北北東 | 南南西 | 東南東 | 東北東 | 西南西 | 南南東 | 北北東 | 西北西 | 北北西 |
| 23 | 南南西 | 南南東 | 東北東 | 北北西 | 北北東 | 南南西 | 西北西 | 東南東 | 西南西 |
| 24 | 南南東 | 北北西 | 北北東 | 南南東 | 西北西 | 東北東 | 西南西 | 東南東 | 南南西 |
| 25 | 北北西 | 北北東 | 東南東 | 南南東 | 西北西 | 北北東 | 西南西 | 東北東 | 南南東 |
| 26 | 西北西 | 南南西 | 北北東 | 北北西 | 西南西 | 南南東 | 東南東 | 東北東 | 西北西 |
| 27 | 北北西 | 北北東 | 西南西 | 東南東 | 東北東 | 南南東 | 西北西 | 北北西 | 南南西 |
| 28 | 東南東 | 西北西 | 東北東 | 南南東 | 南南西 | 北北東 | 東南東 | 西南西 | 北北西 |
| 29 | 西北西 | 西北西 | 北北西 | 東北東 | 南南西 | 北北東 | 西南西 | 南南東 | 東南東 |
| 30 | 北北西 | 東南東 | 西北西 | 北北東 | 北北西 | 西南西 | 南南西 | 東北東 | 南南東 |
| 31 | 北北東 | 北北東 | 北北西 | 南南東 | 東南東 | 東北東 | 南南東 | 西北西 | 西南西 |
| 32 | 南南東 | 東北東 | 西南西 | 東南東 | 南南西 | 北北東 | 南南東 | 西北西 | 北北東 |
| 33 | 南南西 | 東北東 | 北北東 | 西南西 | 北北西 | 南南東 | 東南東 | 西北西 | 南南西 |
| 34 | 北北西 | 西北西 | 北北東 | 南南西 | 西南西 | 東南東 | 北北西 | 東北東 | 南南東 |
| 35 | 北北東 | 北北西 | 東北東 | 東南東 | 南南東 | 西北西 | 西南西 | 北北東 | 南南西 |
| 36 | 北北東 | 東南東 | 南南東 | 北北西 | 西南西 | 南南西 | 東北東 | 西北西 | 北北東 |
| 37 | 南南西 | 北北西 | 西南西 | 東北東 | 西北西 | 南南東 | 東南東 | 北北東 | 南南西 |
| 38 | 西南西 | 東南東 | 北北東 | 南南東 | 西北西 | 西南西 | 北北東 | 東北東 | 南南西 |
| 39 | 西南西 | 東北東 | 南南西 | 北北西 | 南南東 | 東北東 | 西南西 | 西北西 | 北北東 |
| 40 | 北北東 | 北北東 | 南南東 | 東北東 | 西北西 | 東南東 | 南南西 | 北北西 | 西南西 |

69

# 1 スピードチェック

## 4回目

| | | | | | | | | |
|---|---|---|---|---|---|---|---|---|
| 1 | 東北東 | 北北東 | 東北東 | 北北西 | 南南東 | 西南西 | 南南西 | 西北西 | 東南東 |
| 2 | 北北東 | 北北東 | 西南西 | 東南東 | 南南東 | 南南西 | 東北東 | 西北西 | 北北西 |
| 3 | 東南東 | 北北西 | 南南東 | 東北東 | 東南東 | 西南西 | 南南西 | 北北東 | 西北西 |
| 4 | 東北東 | 東北東 | 南南東 | 西北西 | 北北東 | 北北西 | 西南西 | 南南西 | 東南東 |
| 5 | 西北西 | 東北東 | 南南西 | 北北西 | 北北東 | 東南東 | 西南西 | 南南東 | 西北西 |
| 6 | 東南東 | 南南西 | 北北東 | 東北東 | 西南西 | 東南東 | 南南東 | 北北西 | 西北西 |
| 7 | 東北東 | 北北東 | 北北西 | 西北西 | 南南西 | 南南東 | 東北東 | 西南西 | 東南東 |
| 8 | 北北東 | 南南西 | 東北東 | 東南東 | 南南東 | 西北西 | 西南西 | 北北西 | 北北東 |
| 9 | 北北東 | 北北東 | 西北西 | 西南西 | 北北西 | 南南西 | 東北東 | 東南東 | 南南東 |
| 10 | 東南東 | 東南東 | 南南東 | 西北西 | 北北西 | 北北東 | 東北東 | 西南西 | 南南東 |
| 11 | 東北東 | 東南東 | 西南西 | 北北東 | 南南西 | 南南東 | 北北西 | 西北西 | 東北東 |
| 12 | 南南東 | 西北西 | 北北西 | 南南東 | 東南東 | 東北東 | 北北東 | 西南西 | 南南西 |
| 13 | 東北東 | 東北東 | 東南東 | 南南西 | 北北西 | 南南東 | 北北東 | 西南西 | 西北西 |
| 14 | 北北西 | 東南東 | 西北西 | 東北東 | 南南西 | 南南東 | 北北東 | 北北西 | 西南西 |
| 15 | 東南東 | 南南東 | 北北東 | 南南西 | 東南東 | 東北東 | 西南西 | 北北西 | 西北西 |
| 16 | 西北西 | 北北東 | 西南西 | 西北西 | 東北東 | 南南東 | 南南西 | 東南東 | 北北西 |
| 17 | 東南東 | 西南西 | 北北東 | 西北西 | 南南西 | 東南東 | 東北東 | 北北東 | 南南東 |
| 18 | 南南東 | 西南西 | 東北東 | 東南東 | 南南東 | 北北西 | 南南東 | 北北東 | 西北西 |
| 19 | 北北西 | 東南東 | 南南西 | 南南東 | 東北東 | 北北西 | 西南西 | 西北西 | 北北東 |
| 20 | 西南西 | 北北東 | 西北西 | 東北東 | 北北西 | 西南西 | 南南東 | 東南東 | 南南西 |

Part3 | 10回分にチャレンジ レッツ! トレーニング

制限時間 1分

| 21 | 西南西 | 東北東 | 西北西 | 北北西 | 西南西 | 南南西 | 北北東 | 南南東 | 東南東 |
| 22 | 南南東 | 南南西 | 北北西 | 西北西 | 東北東 | 西南西 | 東南東 | 北北東 | 南南東 |
| 23 | 西北西 | 東南東 | 南南西 | 北北西 | 南南東 | 東北東 | 北北東 | 西北西 | 西南西 |
| 24 | 西南西 | 北北東 | 東北東 | 南南東 | 西北西 | 北北東 | 南南西 | 西南西 | 東南東 |
| 25 | 北北東 | 西南西 | 東南東 | 北北東 | 北北西 | 東北東 | 南南東 | 西北西 | 南南西 |
| 26 | 東北東 | 西南西 | 南南西 | 北北東 | 東北東 | 南南東 | 北北東 | 西北西 | 東南東 |
| 27 | 西南西 | 東南東 | 西北西 | 南南東 | 西南西 | 北北東 | 北北西 | 東北東 | 南南西 |
| 28 | 西北西 | 東南東 | 東北東 | 南南西 | 北北西 | 北北東 | 南南東 | 西南西 | 西北西 |
| 29 | 東南東 | 東南東 | 北北西 | 東北東 | 南南東 | 南南東 | 西北西 | 西南西 | 北北東 |
| 30 | 西北西 | 北北東 | 南南西 | 東北東 | 南南東 | 東南東 | 北北東 | 西南西 | 西北西 |
| 31 | 東南東 | 南南東 | 東南東 | 北北西 | 東北東 | 北北東 | 西北西 | 西南西 | 南南西 |
| 32 | 西南西 | 北北西 | 東北東 | 南南西 | 北北東 | 西北西 | 西南西 | 南南東 | 東南東 |
| 33 | 東南東 | 東北東 | 南南西 | 北北西 | 北北東 | 西北西 | 西南西 | 東南東 | 南南東 |
| 34 | 東南東 | 北北西 | 南南西 | 南南東 | 西北西 | 東南東 | 西南西 | 北北東 | 東北東 |
| 35 | 南南西 | 南南西 | 西南西 | 東南東 | 西北西 | 北北東 | 東北東 | 南南西 | 北北西 |
| 36 | 南南西 | 西南西 | 北北西 | 東南東 | 南南東 | 南南西 | 北北東 | 西北西 | 東北東 |
| 37 | 西南西 | 東北東 | 北北東 | 西北西 | 北北西 | 西南西 | 南南東 | 東南東 | 南南西 |
| 38 | 東南東 | 北北西 | 北北東 | 東南東 | 南南東 | 西南西 | 南南西 | 西北西 | 東北東 |
| 39 | 南南東 | 北北東 | 西南西 | 東北東 | 南南東 | 東南東 | 西北西 | 北北西 | 南南西 |
| 40 | 東南東 | 南南西 | 東北東 | 東南東 | 北北東 | 南南東 | 西南西 | 西北西 | 北北西 |

# １ スピードチェック

## 5回目

| 1 | **南南東** | 東南東 | 南南東 | 北北西 | 東北東 | 北北東 | 西北西 | 南南西 | 西南西 |
|---|---|---|---|---|---|---|---|---|---|
| 2 | **南南東** | 西南西 | 南南東 | 北北西 | 東北東 | 東南東 | 南南西 | 北北東 | 西北西 |
| 3 | **北北西** | 東北東 | 南南西 | 東南東 | 北北西 | 南南東 | 北北東 | 西南西 | 西北西 |
| 4 | **東北東** | 東南東 | 北北西 | 西北西 | 西南西 | 南南西 | 南南東 | 北北東 | 東北東 |
| 5 | **南南東** | 西南西 | 北北西 | 東南東 | 東北東 | 北北東 | 西北西 | 南南西 | 南南東 |
| 6 | **北北東** | 東北東 | 北北東 | 北北東 | 西北西 | 西南西 | 東南東 | 南南東 | 南南西 |
| 7 | **南南東** | 南南東 | 西南西 | 東北東 | 東南東 | 南南西 | 西北西 | 北北西 | 北北東 |
| 8 | **西南西** | 西南西 | 東南東 | 東北東 | 南南東 | 西北西 | 南南西 | 北北東 | 北北西 |
| 9 | **東北東** | 北北東 | 南南西 | 北北西 | 東南東 | 西南西 | 東北東 | 南南東 | 西北西 |
| 10 | **東南東** | 北北東 | 東南東 | 西北西 | 南南西 | 東北東 | 西南西 | 北北西 | 南南東 |
| 11 | **南南西** | 北北西 | 南南西 | 北北東 | 南南東 | 西北西 | 東南東 | 西南西 | 東北東 |
| 12 | **西南西** | 東南東 | 南南西 | 北北西 | 北北東 | 東北東 | 南南東 | 西南西 | 西北西 |
| 13 | **北北西** | 南南東 | 西南西 | 北北東 | 西北西 | 東南東 | 北北西 | 南南西 | 東北東 |
| 14 | **東南東** | 西北西 | 西南西 | 北北東 | 北北西 | 東南東 | 南南東 | 東北東 | 南南西 |
| 15 | **東北東** | 西南西 | 西北西 | 東南東 | 北北西 | 東北東 | 南南西 | 北北西 | 南南東 |
| 16 | **東北東** | 西北西 | 西南西 | 東北東 | 北北東 | 北北西 | 東南東 | 南南西 | 南南東 |
| 17 | **北北西** | 西南西 | 北北西 | 東北東 | 西北西 | 東南東 | 北北東 | 南南東 | 南南西 |
| 18 | **南南西** | 西北西 | 南南東 | 東南東 | 東北東 | 北北西 | 南南東 | 北北西 | 西南西 |
| 19 | **北北東** | 北北西 | 西北西 | 東北東 | 西南西 | 南南東 | 南南西 | 東南東 | 北北西 |
| 20 | **西北西** | 東南東 | 南南東 | 南南西 | 北北西 | 北北東 | 東北東 | 西北西 | 西南西 |

Part**3** | 10回分にチャレンジ レッツ! トレーニング

制 限 時 間 1 分

| 21 | **東北東** | 東南東 | 北北東 | 西南西 | 東北東 | 南南東 | 西北西 | 南南西 | 北北西 |
| 22 | **西北西** | 南南東 | 北北西 | 北北東 | 西北西 | 東北東 | 東南東 | 西南西 | 南南西 |
| 23 | **北北西** | 東南東 | 南南西 | 東北東 | 西北西 | 北北西 | 北北東 | 西南西 | 南南東 |
| 24 | **西南西** | 北北西 | 南南西 | 東北東 | 東南東 | 南南東 | 西北西 | 北北東 | 西南西 |
| 25 | **南南東** | 北北西 | 東北東 | 西南西 | 北北西 | 南南西 | 西北西 | 東南東 | 南南東 |
| 26 | **東南東** | 東南東 | 北北東 | 南南東 | 南南西 | 北北西 | 西南西 | 東北東 | 西北西 |
| 27 | **南南西** | 南南東 | 南南西 | 北北東 | 西南西 | 東南東 | 北北西 | 東北東 | 西北西 |
| 28 | **北北東** | 北北西 | 南南西 | 西南西 | 南南東 | 西北西 | 東北東 | 北北東 | 東南東 |
| 29 | **南南東** | 東北東 | 西南西 | 西北西 | 南南東 | 北北西 | 南南西 | 北北西 | 東南東 |
| 30 | **西南西** | 東北東 | 西北西 | 北北西 | 南南東 | 東南東 | 西南西 | 北北東 | 南南西 |
| 31 | **西北西** | 南南西 | 東北東 | 西北西 | 西南西 | 北北東 | 北北西 | 東南東 | 東南東 |
| 32 | **西南西** | 東北東 | 北北西 | 東南東 | 西北西 | 西南西 | 北北東 | 南南西 | 南南東 |
| 33 | **西北西** | 東南東 | 南南西 | 北北東 | 東北東 | 南南東 | 北北西 | 西南西 | 西北西 |
| 34 | **西北西** | 西南西 | 東北東 | 西北西 | 北北東 | 北北西 | 南南東 | 南南西 | 東南東 |
| 35 | **南南西** | 北北東 | 西南西 | 南南東 | 北北西 | 東南東 | 西北西 | 南南西 | 東北東 |
| 36 | **西南西** | 東北東 | 西南西 | 西北西 | 東南東 | 南南西 | 南南東 | 北北東 | 北北西 |
| 37 | **東北東** | 西北西 | 東南東 | 東北東 | 北北西 | 西南西 | 南南東 | 南南西 | 北北東 |
| 38 | **北北西** | 東南東 | 北北東 | 南南東 | 西南西 | 西北西 | 東北東 | 南南西 | 北北西 |
| 39 | **東南東** | 西北西 | 北北西 | 東北東 | 南南東 | 西南西 | 北北東 | 東南東 | 南南西 |
| 40 | **北北東** | 西北西 | 東南東 | 東北東 | 北北東 | 西南西 | 南南西 | 北北西 | 南南東 |

# 1 スピードチェック

## 6回目

| | | | | | | | | | |
|---|---|---|---|---|---|---|---|---|---|
| 1 | score | score | scope | scrum | scoop | scene | screen | screw | scrap |
| 2 | screen | scrap | screw | scope | screen | scoop | score | scrum | scene |
| 3 | scrum | screen | scene | scope | scrap | scoop | scrum | screw | score |
| 4 | scrap | screen | scrap | scrum | scoop | scene | screw | scope | score |
| 5 | scoop | score | scope | scrap | scoop | screw | scrum | screen | scene |
| 6 | scene | scope | screen | score | scrap | scrum | screw | scoop | scene |
| 7 | scrum | scope | screw | screen | scoop | scene | score | scrum | scrap |
| 8 | scope | scope | screw | screen | scene | scrap | scrum | scoop | score |
| 9 | scene | score | screen | scrap | scope | scoop | screw | scrum | scene |
| 10 | score | scrum | screw | scene | scoop | score | scrap | screen | scope |
| 11 | screw | screen | scrum | scoop | screw | scope | scene | scrap | score |
| 12 | scoop | score | scope | scrap | screen | scoop | screw | scrum | scene |
| 13 | scene | scrap | scene | screw | scoop | score | screen | scrum | scope |
| 14 | scope | screw | scoop | score | scrap | scope | scene | scrum | screen |
| 15 | screen | scrum | score | screen | scoop | screw | scrap | scope | scene |
| 16 | scoop | score | scope | screw | scrum | scene | scoop | scrap | screen |
| 17 | screw | scene | screen | scrap | scrum | scoop | scope | screw | score |
| 18 | score | scope | scrap | screen | scrum | scene | screw | scoop | score |
| 19 | scene | scrap | screen | screw | scene | score | scoop | scope | scrum |
| 20 | scrap | screen | screw | scrap | scene | score | scoop | scope | scrum |

74

Part3 | 10回分にチャレンジ レッツ! トレーニング

| 21 | scrap   | scope  | scrap  | scrum  | score  | screen | scene  | screw  | scoop  |
| 22 | scene   | screw  | scrum  | score  | scrap  | scene  | screen | scope  | scoop  |
| 23 | screen  | score  | screw  | scene  | scope  | scrap  | scoop  | scrum  | screen |
| 24 | score   | scrum  | screw  | screen | scrap  | score  | scoop  | scope  | scene  |
| 25 | screen  | screw  | scrap  | scrum  | screen | score  | scoop  | scope  | scene  |
| 26 | screen  | score  | screw  | scrum  | scrap  | scene  | scoop  | scope  | screen |
| 27 | scoop   | scoop  | scope  | score  | scrap  | screen | screw  | scrum  | scene  |
| 28 | scope   | screen | scoop  | scope  | scrum  | scene  | scrap  | screw  | score  |
| 29 | screw   | score  | scene  | scrap  | scrum  | screw  | scoop  | screen | scope  |
| 30 | scope   | screen | screw  | scope  | scoop  | score  | scene  | scrap  | scrum  |
| 31 | scene   | score  | scene  | scrum  | scope  | scoop  | screen | screw  | scrap  |
| 32 | screen  | score  | scoop  | scrum  | screw  | scope  | scrap  | scene  | screen |
| 33 | scrap   | scope  | scoop  | scrum  | screen | screw  | score  | scene  | scrap  |
| 34 | scene   | scene  | screw  | score  | scrap  | scope  | screen | scrum  | scoop  |
| 35 | scrum   | scrap  | scope  | screen | score  | scoop  | scrum  | scene  | screw  |
| 36 | scene   | scoop  | scrum  | score  | screw  | scope  | scene  | scrap  | screen |
| 37 | screw   | scoop  | scope  | screen | score  | scrap  | scrum  | scene  | screw  |
| 38 | screen  | score  | screen | scrap  | scrum  | screw  | scene  | scoop  | scope  |
| 39 | score   | scrum  | screw  | scene  | scoop  | scope  | score  | scrap  | screen |
| 40 | scrap   | scene  | score  | screen | scrap  | scoop  | scrum  | scope  | screw  |

75

# 1 スピードチェック

## 7回目

| | | | | | | | | |
|---|---|---|---|---|---|---|---|---|
| 1 **scoop** | scrum | scene | scope | screw | score | scoop | screen | scrap |
| 2 **scrap** | scene | screen | scrum | score | scope | scoop | screw | scrap |
| 3 **scrum** | scene | screw | scrum | screen | scrap | scope | score | scoop |
| 4 **scene** | scoop | scrum | screen | screw | scrap | scope | score | scene |
| 5 **screen** | scrap | scene | score | screen | scrum | scope | screw | scoop |
| 6 **scoop** | score | scope | screen | scrum | scoop | scene | screw | scrap |
| 7 **scrum** | scrum | scoop | screen | scope | scene | screw | scrap | score |
| 8 **scoop** | scope | scoop | screw | scrum | score | scrap | screen | scene |
| 9 **scrap** | screw | scrap | scoop | screen | score | scope | scene | scrum |
| 10 **screw** | screen | scoop | score | scrum | screw | scene | scope | scrap |
| 11 **score** | scene | scoop | screen | score | scrum | screw | scrap | scope |
| 12 **scrap** | scoop | screen | screw | scene | scope | scrum | score | scrap |
| 13 **scene** | screw | score | scene | scoop | screen | scrap | scrum | scope |
| 14 **scoop** | scrum | screw | score | scope | scoop | scrap | scene | screen |
| 15 **scrap** | scene | screw | screen | scrap | score | scrum | scoop | scope |
| 16 **screen** | score | scene | screw | screen | scrap | scrum | scope | scoop |
| 17 **screen** | scrum | screw | screen | scene | scoop | score | scope | scrap |
| 18 **scoop** | scene | screw | score | screen | scrap | scrum | scoop | scope |
| 19 **scene** | scoop | scope | screw | scrap | scrum | screen | scene | score |
| 20 **screw** | scope | scene | scrum | screw | score | scrap | scoop | screen |

76

Part**3** | 10回分にチャレンジ レッツ! トレーニング

制 限 時 間 1 分

| 21 | scoop | screen | scope | score | scoop | scrap | scene | screw | scrum |
|----|-------|--------|-------|-------|-------|-------|-------|-------|-------|
| 22 | scope | scoop | scope | scene | scrap | screw | scrum | screen | score |
| 23 | scene | scoop | screen | score | scrap | scrum | screw | scene | scope |
| 24 | score | scoop | scene | score | scrap | screw | scope | scrum | screen |
| 25 | screen | screw | scope | screen | scrum | scene | scoop | score | scrap |
| 26 | score | score | scope | screw | scoop | screen | scrum | scene | scrap |
| 27 | scene | score | scrap | scoop | screw | scope | screen | scrum | scene |
| 28 | scope | scoop | scope | screw | scrap | scrum | screen | score | scene |
| 29 | screen | screw | scrum | score | scene | screen | scope | scoop | scrap |
| 30 | scrap | score | scope | screen | scoop | scrum | scrap | screw | scene |
| 31 | scrap | scrap | screw | screen | score | scope | scrum | scoop | scene |
| 32 | scrum | screen | screw | scene | scoop | scrum | score | scrap | scope |
| 33 | score | scrum | screen | scrap | scope | scene | score | screw | scoop |
| 34 | scope | scrap | screen | scoop | scene | scope | scrum | score | screw |
| 35 | screen | scrum | score | screw | scene | screen | scrap | scoop | scope |
| 36 | scoop | scope | scrap | scrum | score | scene | screen | scoop | screw |
| 37 | scrap | scoop | scene | scrap | scrum | screen | screw | score | scope |
| 38 | screw | scrum | screw | scene | screen | score | scope | scrap | scoop |
| 39 | scrum | score | scope | scoop | scrap | screen | scene | scrum | screw |
| 40 | screw | screen | scene | scrum | scoop | screw | scrap | score | scope |

# 1 スピードチェック

## 8回目

| | | | | | | | | | |
|---|---|---|---|---|---|---|---|---|---|
| 1 | scope | scrum | scoop | screw | screen | scrap | score | scene | scope |
| 2 | scope | scope | screw | score | scrum | scene | screen | scrap | scoop |
| 3 | scoop | scrap | scrum | scoop | scene | scope | score | screen | screw |
| 4 | scrum | scoop | scope | screw | score | scrum | scene | screen | scrap |
| 5 | score | screen | scoop | scene | screw | scrap | score | scrum | scope |
| 6 | scrum | score | screen | scope | scoop | scene | scrap | screw | scrum |
| 7 | scene | scene | scrum | screw | scoop | scope | screen | score | scrap |
| 8 | scene | scrum | scope | scrap | screen | score | scene | scoop | screw |
| 9 | screen | screw | scope | scene | screen | scrap | scoop | scrum | score |
| 10 | scene | scene | scrap | screen | scrum | score | scope | scoop | screw |
| 11 | scoop | scrap | screw | scene | scrum | score | scoop | scope | screen |
| 12 | scrum | scene | scope | screw | screen | score | scrap | scoop | scrum |
| 13 | scrap | scene | scope | score | scoop | screen | screw | scrap | scrum |
| 14 | scrum | score | scope | scene | screen | scrap | scoop | screw | scrum |
| 15 | screw | scoop | scrum | screw | score | screen | scene | scope | scrap |
| 16 | screw | screen | scrap | scene | scrum | scope | score | screw | scoop |
| 17 | scope | scoop | screw | screen | scrum | scrap | score | scene | scope |
| 18 | scoop | score | scrum | scene | scoop | screw | scope | screen | scrap |
| 19 | screw | score | scrum | scrap | screw | scene | scoop | screen | scope |
| 20 | score | screw | screen | scope | scene | score | scoop | scrum | scrap |

Part**3** | 10回分にチャレンジ レッツ! トレーニング

制 限 時 間 1 分

| 21 | scope | screen | scene | screw | scope | scrap | score | scrum | scoop |
|----|-------|--------|-------|-------|-------|-------|-------|-------|-------|
| 22 | score | scene | score | scrum | scope | screen | screw | scoop | scrap |
| 23 | screw | scope | screen | score | scoop | scene | scrap | screw | scrum |
| 24 | screen | scene | scoop | scrum | scope | scrap | screen | screw | score |
| 25 | screw | screw | score | screen | scrap | scrum | scope | scene | scoop |
| 26 | scoop | scrum | scoop | screw | scene | screen | scrap | score | scope |
| 27 | screw | score | scene | scope | screw | scoop | scrum | screen | scrap |
| 28 | scene | scope | score | screen | screw | scrap | scene | scrum | scoop |
| 29 | scene | screen | scrum | scene | scrap | screw | scope | scoop | score |
| 30 | screen | scene | screen | scope | scoop | scrap | screw | scrum | score |
| 31 | score | scope | screen | score | scene | scrap | screw | scrum | scoop |
| 32 | screw | scoop | scene | scope | scrap | scrum | screen | score | screw |
| 33 | scrum | score | scrap | scope | scoop | scene | screen | scrum | screw |
| 34 | scrap | screen | screw | score | scope | scoop | scrap | scrum | scene |
| 35 | scope | scene | screw | scrap | scoop | score | scrum | scope | screen |
| 36 | score | scrap | score | scoop | screen | scene | scrum | screw | scope |
| 37 | screw | scope | scrum | scrap | scene | screen | score | scoop | screw |
| 38 | scene | scene | scoop | scrap | score | screen | scope | scrum | screw |
| 39 | screen | scrap | scrum | score | screw | scene | scoop | screen | scope |
| 40 | screen | scoop | scrap | scrum | screw | scope | scene | score | screen |

79

# 1 スピードチェック

## 9回目

| | | | | | | | | | |
|---|---|---|---|---|---|---|---|---|---|
| 1 | screw | scene | scrum | screen | scoop | screw | scrap | score | scope |
| 2 | scrum | score | scene | scrum | scope | screw | scrap | scoop | screen |
| 3 | scene | screen | scoop | scene | scrum | screw | score | scrap | scope |
| 4 | scrum | scope | screen | scrum | screw | scene | scoop | score | scrap |
| 5 | scrap | score | scrap | scoop | screen | scene | scrum | scope | screw |
| 6 | scope | scene | scrum | screw | score | screen | scoop | scope | scrap |
| 7 | scope | scrum | scoop | scope | screw | screen | score | scene | scrap |
| 8 | screen | scrap | scope | screen | scoop | scene | scrum | score | screw |
| 9 | screen | scene | screen | scoop | scrap | screw | scope | scrum | score |
| 10 | scrum | scrap | screw | scoop | screen | scene | scope | scrum | score |
| 11 | scope | screw | scoop | scope | scrum | scene | screen | scrap | score |
| 12 | score | scope | scene | screen | screw | score | scrap | scoop | scrum |
| 13 | scrum | screen | scope | screw | scoop | scrap | scene | score | scrum |
| 14 | scoop | screen | score | scrap | scrum | scoop | scene | screw | scope |
| 15 | scrum | score | scrum | scope | screw | scene | scoop | scrap | screen |
| 16 | scrap | scoop | scrap | scope | screen | screw | score | scene | scrum |
| 17 | screw | score | scope | scoop | scene | screen | scrap | screw | scrum |
| 18 | scrum | score | scoop | scope | scrap | scene | screw | screen | scrum |
| 19 | scene | screw | scene | screen | scoop | scrap | scrum | scope | score |
| 20 | scene | scope | scrum | scrap | score | screw | scoop | scene | screen |

Part**3** | 10回分にチャレンジ レッツ! トレーニング

制 限 時 間 1 分

| 21 | score | scrum | scope | scene | scrap | screw | score | screen | scoop |
|----|-------|-------|-------|-------|-------|-------|-------|--------|-------|
| 22 | scoop | scene | scrap | score | scoop | scrum | scope | screw | screen |
| 23 | scene | scope | screw | scrap | screen | scoop | scrum | scene | score |
| 24 | scope | screen | scene | screw | scoop | scrap | score | scrum | scope |
| 25 | scoop | score | scrum | screen | scope | scrap | scene | scoop | screw |
| 26 | scope | scoop | scope | scene | scrap | scrum | score | screw | screen |
| 27 | screw | scrap | scene | screw | scoop | screen | score | scope | scrum |
| 28 | scrap | screen | screw | scrum | scrap | scoop | scope | scene | score |
| 29 | screw | screen | scrum | scoop | scrap | score | screw | scene | scope |
| 30 | scope | score | scene | scrum | scrap | scoop | screen | screw | scope |
| 31 | screen | screen | scoop | screw | scope | scrum | score | scene | scrap |
| 32 | scrum | screw | screen | scrum | scene | scoop | scrap | scope | score |
| 33 | screen | scene | scope | scoop | score | screw | screen | scrap | scrum |
| 34 | scope | screw | screen | scene | score | scoop | scrum | scrap | scope |
| 35 | scoop | score | scene | scrap | screw | scrum | screen | scope | scoop |
| 36 | score | scoop | scrap | screen | score | screw | scope | scene | scrum |
| 37 | scrap | scoop | screw | screen | score | scrap | scene | scope | scrum |
| 38 | scope | screen | scope | screw | scrum | score | scoop | scrap | scene |
| 39 | scrap | scrum | screw | score | scrap | scoop | scope | scene | screen |
| 40 | scoop | screw | scoop | screen | scrum | score | scene | scrap | scope |

81

# 1 スピードチェック

## 10回目

| | | | | | | | | |
|---|---|---|---|---|---|---|---|---|
| 1 | **score** | scrap | scene | scope | score | screen | screw | scoop | scrum |
| 2 | **screw** | screen | screw | scrum | score | scope | scrap | scene | scoop |
| 3 | **scrap** | screw | scoop | score | screen | scene | scrum | scope | scrap |
| 4 | **screen** | scope | scrap | scoop | scene | screen | screw | scrum | score |
| 5 | **score** | scrum | scoop | screen | scrap | screw | scene | score | scope |
| 6 | **scope** | scrap | scope | scene | screw | score | scoop | screen | scrum |
| 7 | **scoop** | screen | scrum | scoop | score | screw | scope | scrap | scene |
| 8 | **scrap** | scrum | scoop | scrap | score | screen | scene | screw | scope |
| 9 | **scrap** | scope | scrum | scoop | scene | screw | scrap | score | screen |
| 10 | **scope** | scrum | scope | screen | scoop | score | scene | screw | scrap |
| 11 | **scene** | scrum | scoop | screw | scrap | score | scope | scene | screen |
| 12 | **screw** | screen | scope | scoop | scrap | score | screw | scrum | scene |
| 13 | **scoop** | scene | score | scrap | scrum | scoop | screw | screen | scope |
| 14 | **scrap** | scrap | score | scrum | screen | scoop | scene | scope | screw |
| 15 | **screw** | scoop | screen | scope | scene | scrum | screw | scrap | score |
| 16 | **scrum** | scene | scope | screen | scrap | score | scoop | screw | scrum |
| 17 | **scoop** | scoop | screen | screw | scope | scene | scrum | score | scrap |
| 18 | **scope** | scrum | scope | score | screen | scene | scrap | scoop | screw |
| 19 | **score** | screw | scoop | scrum | scope | score | screen | scene | scrap |
| 20 | **scoop** | scrum | scope | scrap | screw | score | scene | screen | scoop |

Part3 | 10回分にチャレンジ レッツ! トレーニング

| 21 | scoop | scope | scrum | screen | score | scrap | scoop | screw | scene |
| --- | --- | --- | --- | --- | --- | --- | --- | --- | --- |
| 22 | scrum | screen | scope | scoop | scene | score | screw | scrap | scrum |
| 23 | scrap | screw | screen | score | scrap | scoop | scope | scene | scrum |
| 24 | score | scope | score | scrum | scrap | scene | screen | scoop | screw |
| 25 | scene | scrum | score | screen | scene | screw | scope | scoop | scrap |
| 26 | scope | scrap | scope | screen | score | screw | scoop | scrum | scene |
| 27 | scrum | scope | scene | scoop | screw | scrap | score | screen | scrum |
| 28 | scrum | scrap | scoop | scene | scrum | screen | score | screw | scope |
| 29 | screen | screen | score | scope | scoop | scrap | scene | screw | scrum |
| 30 | scrap | scrap | scrum | score | scoop | screen | scope | scene | screw |
| 31 | scrum | scoop | scope | scrum | screw | screen | scrap | score | scene |
| 32 | score | screen | scope | scoop | scene | scrum | screw | score | scrap |
| 33 | score | scoop | scope | scrap | scrum | score | screw | scene | screen |
| 34 | score | score | scoop | screen | scrap | scope | scrum | screw | scene |
| 35 | scope | scoop | score | screw | scrum | scene | scrap | scope | screen |
| 36 | scrum | scrum | scoop | screw | scene | scrap | scope | screen | score |
| 37 | screw | scrum | scene | scope | screen | screw | score | scrap | scoop |
| 38 | score | score | scene | scrap | scope | scoop | screw | screen | scrum |
| 39 | screen | screen | scrap | scrum | scene | scoop | screw | scope | score |
| 40 | screw | screen | screw | scene | score | scope | scrap | scoop | scrum |

83

イメージ処理のスピードを上げる

# ２ スピードボード

**！** トレーニング方法はP38〜P43にあります。

**１回目** ➡ ステップ１〔３×３〕　　　　制限時間 ３ 分

解答欄

| | | | | | | |
|---|---|---|---|---|---|---|
| **1** | 上へ1 | 下へ2 | 上へ1 | 上へ1 | 下へ1 | 1 |
| **2** | 下へ1 | 上へ2 | 下へ2 | 左へ1 | 右へ1 | 2 |
| **3** | 下へ1 | 右へ1 | 左へ2 | 右へ2 | 上へ1 | 3 |
| **4** | 左へ1 | 右へ2 | 左へ2 | 上へ1 | 右へ1 | 4 |
| **5** | 上へ1 | 左へ1 | 下へ2 | 上へ2 | 右へ2 | 5 |
| **6** | 右へ1 | 左へ2 | 上へ1 | 右へ2 | 左へ2 | 6 |
| **7** | 左へ1 | 下へ1 | 上へ2 | 右へ1 | 右へ1 | 7 |
| **8** | 左へ1 | 右へ2 | 上へ1 | 下へ1 | 左へ1 | 8 |
| **9** | 右へ1 | 左へ2 | 右へ2 | 上へ1 | 左へ2 | 9 |
| **10** | 下へ1 | 上へ1 | 上へ1 | 下へ1 | 下へ1 | 10 |
| **11** | 上へ1 | 下へ2 | 上へ1 | 下へ1 | 左へ1 | 11 |
| **12** | 左へ1 | 下へ1 | 右へ1 | 上へ1 | 下へ1 | 12 |
| **13** | 左へ1 | 右へ1 | 右へ1 | 左へ2 | 右へ1 | 13 |
| **14** | 左へ1 | 右へ1 | 右へ1 | 左へ2 | 下へ1 | 14 |
| **15** | 左へ1 | 右へ2 | 左へ1 | 左へ1 | 下へ1 | 15 |
| **16** | 左へ1 | 右へ2 | 左へ2 | 上へ1 | 右へ2 | 16 |
| **17** | 左へ1 | 上へ1 | 右へ2 | 下へ1 | 左へ2 | 17 |
| **18** | 左へ1 | 右へ1 | 上へ1 | 下へ2 | 上へ2 | 18 |
| **19** | 右へ1 | 下へ1 | 左へ2 | 右へ1 | 左へ1 | 19 |
| **20** | 右へ1 | 上へ1 | 左へ2 | 下へ2 | 右へ2 | 20 |
| **21** | 上へ1 | 下へ1 | 上へ1 | 下へ2 | 右へ1 | 21 |
| **22** | 左へ1 | 右へ2 | 左へ1 | 上へ1 | 下へ1 | 22 |
| **23** | 下へ1 | 上へ2 | 下へ1 | 上へ1 | 下へ2 | 23 |
| **24** | 右へ1 | 上へ1 | 下へ2 | 左へ1 | 右へ1 | 24 |
| **25** | 下へ1 | 上へ2 | 右へ1 | 下へ1 | 下へ1 | 25 |
| **26** | 右へ1 | 下へ1 | 上へ2 | 下へ1 | 左へ1 | 26 |
| **27** | 上へ1 | 下へ1 | 左へ2 | 右へ1 | 右へ1 | 27 |
| **28** | 下へ1 | 左へ1 | 上へ1 | 上へ1 | 下へ2 | 28 |
| **29** | 左へ1 | 上へ1 | 下へ2 | 右へ2 | 上へ2 | 29 |
| **30** | 右へ1 | 左へ2 | 下へ1 | 右へ2 | 上へ1 | 30 |

84

Part**3** | 10回分にチャレンジ レッツ! トレーニング

**2回目** ➡ ステップ1〔3×3〕　　　制 限 時 間 3 分

解 答 欄

| | | | | | | | |
|---|---|---|---|---|---|---|---|
| 1 | 左へ1 | 右へ2 | 下へ1 | 左へ2 | 右へ2 | | 1 |
| 2 | 右へ1 | 上へ1 | 左へ2 | 下へ1 | 下へ1 | | 2 |
| 3 | 左へ1 | 右へ2 | 左へ2 | 右へ1 | 右へ1 | | 3 |
| 4 | 上へ1 | 下へ2 | 左へ1 | 右へ2 | 左へ2 | | 4 |
| 5 | 上へ1 | 右へ1 | 下へ1 | 左へ2 | 下へ1 | | 5 |
| 6 | 下へ1 | 右へ1 | 上へ2 | 下へ2 | 上へ1 | | 6 |
| 7 | 左へ1 | 下へ1 | 右へ1 | 右へ1 | 上へ2 | | 7 |
| 8 | 右へ1 | 下へ1 | 左へ1 | 右へ1 | 左へ1 | | 8 |
| 9 | 左へ1 | 右へ1 | 左へ1 | 右へ1 | 上へ1 | | 9 |
| 10 | 右へ1 | 上へ1 | 左へ1 | 下へ1 | 上へ1 | | 10 |
| 11 | 下へ1 | 左へ1 | 右へ2 | 上へ1 | 上へ1 | | 11 |
| 12 | 左へ1 | 上へ1 | 下へ2 | 上へ2 | 下へ1 | | 12 |
| 13 | 左へ1 | 下へ1 | 上へ2 | 下へ1 | 右へ1 | | 13 |
| 14 | 下へ1 | 上へ2 | 右へ1 | 左へ1 | 下へ1 | | 14 |
| 15 | 上へ1 | 右へ1 | 左へ1 | 左へ1 | 右へ2 | | 15 |
| 16 | 上へ1 | 右へ1 | 下へ2 | 上へ2 | 下へ2 | | 16 |
| 17 | 左へ1 | 上へ1 | 下へ1 | 下へ1 | 右へ2 | | 17 |
| 18 | 上へ1 | 左へ1 | 右へ1 | 左へ1 | 下へ1 | | 18 |
| 19 | 左へ1 | 右へ2 | 左へ2 | 右へ1 | 左へ1 | | 19 |
| 20 | 上へ1 | 下へ1 | 右へ1 | 左へ1 | 下へ1 | | 20 |
| 21 | 下へ1 | 上へ1 | 下へ1 | 左へ1 | 上へ1 | | 21 |
| 22 | 左へ1 | 右へ2 | 左へ1 | 上へ1 | 下へ2 | | 22 |
| 23 | 上へ1 | 左へ1 | 下へ2 | 右へ1 | 右へ1 | | 23 |
| 24 | 右へ1 | 上へ1 | 左へ2 | 下へ1 | 右へ1 | | 24 |
| 25 | 上へ1 | 下へ1 | 左へ1 | 上へ1 | 右へ1 | | 25 |
| 26 | 上へ1 | 下へ1 | 左へ1 | 下へ1 | 右へ2 | | 26 |
| 27 | 上へ1 | 下へ2 | 上へ1 | 左へ1 | 右へ1 | | 27 |
| 28 | 上へ1 | 右へ1 | 左へ1 | 下へ2 | 上へ2 | | 28 |
| 29 | 右へ1 | 下へ1 | 上へ2 | 下へ2 | 上へ1 | | 29 |
| 30 | 上へ1 | 右へ1 | 左へ1 | 下へ1 | 右へ1 | | 30 |

85

# ② スピードボード

**3回目** → ステップ1〔3×3〕　　　制限時間 ③分

解答欄

| | | | | | | |
|---|---|---|---|---|---|---|
| 1 | 上へ1 | 下へ2 | 上へ2 | 右へ1 | 下へ2 | 1 |
| 2 | 下へ1 | 上へ1 | 上へ1 | 左へ1 | 下へ1 | 2 |
| 3 | 左へ1 | 上へ1 | 下へ1 | 下へ1 | 上へ1 | 3 |
| 4 | 上へ1 | 右へ1 | 下へ2 | 左へ1 | 左へ1 | 4 |
| 5 | 左へ1 | 右へ2 | 左へ1 | 下へ1 | 上へ1 | 5 |
| 6 | 右へ1 | 上へ1 | 左へ1 | 下へ2 | 上へ1 | 6 |
| 7 | 右へ1 | 左へ1 | 左へ1 | 右へ2 | 左へ2 | 7 |
| 8 | 上へ1 | 左へ1 | 右へ2 | 左へ1 | 下へ2 | 8 |
| 9 | 左へ1 | 右へ1 | 右へ1 | 左へ1 | 右へ1 | 9 |
| 10 | 上へ1 | 左へ1 | 下へ2 | 上へ1 | 上へ1 | 10 |
| 11 | 左へ1 | 下へ1 | 右へ1 | 上へ2 | 下へ1 | 11 |
| 12 | 下へ1 | 右へ1 | 左へ1 | 左へ1 | 上へ1 | 12 |
| 13 | 右へ1 | 下へ1 | 上へ1 | 下へ1 | 上へ1 | 13 |
| 14 | 右へ1 | 左へ1 | 上へ1 | 右へ1 | 左へ1 | 14 |
| 15 | 上へ1 | 下へ1 | 右へ1 | 下へ1 | 左へ1 | 15 |
| 16 | 上へ1 | 右へ1 | 左へ1 | 左へ1 | 下へ1 | 16 |
| 17 | 左へ1 | 右へ2 | 上へ1 | 下へ1 | 下へ1 | 17 |
| 18 | 右へ1 | 左へ2 | 右へ1 | 右へ1 | 上へ1 | 18 |
| 19 | 右へ1 | 上へ1 | 下へ1 | 上へ1 | 下へ1 | 19 |
| 20 | 下へ1 | 上へ2 | 下へ2 | 上へ1 | 下へ1 | 20 |
| 21 | 右へ1 | 下へ1 | 左へ2 | 右へ2 | 左へ2 | 21 |
| 22 | 上へ1 | 右へ1 | 左へ1 | 下へ1 | 上へ1 | 22 |
| 23 | 右へ1 | 左へ1 | 上へ1 | 下へ1 | 下へ1 | 23 |
| 24 | 左へ1 | 上へ1 | 下へ1 | 上へ1 | 右へ2 | 24 |
| 25 | 下へ1 | 右へ1 | 左へ2 | 上へ2 | 下へ2 | 25 |
| 26 | 左へ1 | 右へ1 | 右へ1 | 上へ1 | 下へ2 | 26 |
| 27 | 右へ1 | 左へ1 | 右へ1 | 左へ2 | 上へ1 | 27 |
| 28 | 上へ1 | 右へ1 | 下へ1 | 上へ1 | 下へ1 | 28 |
| 29 | 下へ1 | 左へ1 | 右へ1 | 上へ2 | 左へ1 | 29 |
| 30 | 上へ1 | 下へ1 | 下へ1 | 上へ1 | 左へ1 | 30 |

86

Part**3**│10回分にチャレンジ レッツ! トレーニング

**4回目** ➡ ステップ1〔3×3〕　　　制 限 時 間 3 分

解答欄

| | | | | | | |
|---|---|---|---|---|---|---|
| 1 | 下へ1 | 上へ1 | 上へ1 | 右へ1 | 左へ1 | 1 |
| 2 | 左へ1 | 上へ1 | 右へ1 | 右へ1 | 左へ1 | 2 |
| 3 | 右へ1 | 下へ1 | 上へ1 | 上へ1 | 左へ2 | 3 |
| 4 | 下へ1 | 上へ1 | 左へ1 | 右へ1 | 右へ1 | 4 |
| 5 | 下へ1 | 上へ1 | 上へ1 | 下へ1 | 左へ1 | 5 |
| 6 | 上へ1 | 右へ1 | 下へ2 | 左へ1 | 上へ2 | 6 |
| 7 | 右へ1 | 下へ1 | 上へ2 | 下へ1 | 上へ1 | 7 |
| 8 | 上へ1 | 下へ1 | 左へ1 | 右へ2 | 左へ1 | 8 |
| 9 | 上へ1 | 下へ2 | 右へ1 | 上へ2 | 左へ2 | 9 |
| 10 | 上へ1 | 下へ1 | 右へ1 | 上へ1 | 下へ2 | 10 |
| 11 | 上へ1 | 下へ2 | 右へ1 | 左へ2 | 上へ2 | 11 |
| 12 | 右へ1 | 左へ2 | 右へ2 | 左へ2 | 上へ1 | 12 |
| 13 | 上へ1 | 下へ2 | 上へ2 | 下へ2 | 右へ1 | 13 |
| 14 | 下へ1 | 左へ1 | 右へ1 | 左へ1 | 右へ2 | 14 |
| 15 | 下へ1 | 上へ2 | 右へ1 | 左へ2 | 右へ1 | 15 |
| 16 | 左へ1 | 右へ2 | 左へ2 | 下へ1 | 上へ2 | 16 |
| 17 | 右へ1 | 左へ1 | 下へ1 | 上へ2 | 右へ1 | 17 |
| 18 | 下へ1 | 右へ1 | 左へ1 | 上へ2 | 左へ1 | 18 |
| 19 | 左へ1 | 右へ1 | 右へ1 | 上へ1 | 左へ1 | 19 |
| 20 | 左へ1 | 上へ1 | 右へ1 | 下へ1 | 右へ1 | 20 |
| 21 | 左へ1 | 右へ2 | 左へ2 | 上へ1 | 下へ1 | 21 |
| 22 | 左へ1 | 右へ2 | 左へ1 | 上へ1 | 左へ1 | 22 |
| 23 | 下へ1 | 上へ1 | 上へ1 | 右へ1 | 下へ2 | 23 |
| 24 | 上へ1 | 左へ1 | 右へ2 | 下へ2 | 左へ1 | 24 |
| 25 | 下へ1 | 左へ1 | 上へ1 | 右へ2 | 下へ1 | 25 |
| 26 | 左へ1 | 上へ1 | 右へ1 | 左へ1 | 下へ1 | 26 |
| 27 | 右へ1 | 下へ1 | 左へ1 | 上へ1 | 右へ1 | 27 |
| 28 | 下へ1 | 左へ1 | 上へ1 | 右へ2 | 上へ1 | 28 |
| 29 | 上へ1 | 左へ1 | 下へ1 | 下へ1 | 右へ1 | 29 |
| 30 | 右へ1 | 下へ1 | 上へ2 | 左へ2 | 下へ1 | 30 |

87

# ② スピードボード

**5回目** ➡ ステップ1〔3×3〕　　　制限時間3分

解答欄

| | | | | | | |
|---|---|---|---|---|---|---|
| 1 | 下へ1 | 右へ1 | 左へ2 | 上へ1 | 右へ2 | 1 |
| 2 | 下へ1 | 左へ1 | 右へ1 | 上へ2 | 右へ1 | 2 |
| 3 | 右へ1 | 下へ1 | 上へ2 | 左へ2 | 右へ2 | 3 |
| 4 | 右へ1 | 左へ1 | 上へ1 | 右へ1 | 下へ1 | 4 |
| 5 | 上へ1 | 下へ2 | 左へ1 | 上へ2 | 下へ1 | 5 |
| 6 | 下へ1 | 上へ2 | 下へ1 | 右へ1 | 左へ1 | 6 |
| 7 | 上へ1 | 左へ1 | 下へ1 | 下へ1 | 上へ2 | 7 |
| 8 | 右へ1 | 下へ1 | 左へ2 | 上へ2 | 下へ1 | 8 |
| 9 | 左へ1 | 下へ1 | 上へ1 | 上へ1 | 下へ1 | 9 |
| 10 | 左へ1 | 下へ1 | 右へ1 | 上へ1 | 右へ1 | 10 |
| 11 | 下へ1 | 上へ1 | 左へ1 | 右へ1 | 下へ1 | 11 |
| 12 | 上へ1 | 右へ1 | 左へ2 | 下へ2 | 上へ1 | 12 |
| 13 | 左へ1 | 右へ1 | 上へ1 | 下へ1 | 上へ1 | 13 |
| 14 | 下へ1 | 上へ2 | 右へ1 | 下へ1 | 左へ1 | 14 |
| 15 | 下へ1 | 右へ1 | 左へ2 | 右へ1 | 上へ1 | 15 |
| 16 | 下へ1 | 左へ1 | 右へ1 | 上へ1 | 上へ1 | 16 |
| 17 | 上へ1 | 右へ1 | 下へ2 | 上へ2 | 左へ2 | 17 |
| 18 | 左へ1 | 右へ2 | 上へ1 | 下へ2 | 左へ1 | 18 |
| 19 | 左へ1 | 下へ1 | 右へ1 | 左へ1 | 上へ2 | 19 |
| 20 | 下へ1 | 右へ1 | 上へ2 | 左へ1 | 右へ1 | 20 |
| 21 | 左へ1 | 右へ1 | 左へ1 | 右へ1 | 下へ1 | 21 |
| 22 | 左へ1 | 下へ1 | 右へ1 | 右へ1 | 上へ1 | 22 |
| 23 | 上へ1 | 下へ1 | 右へ1 | 下へ1 | 上へ2 | 23 |
| 24 | 下へ1 | 右へ1 | 上へ2 | 左へ1 | 下へ1 | 24 |
| 25 | 右へ1 | 左へ2 | 右へ1 | 下へ1 | 左へ1 | 25 |
| 26 | 左へ1 | 上へ1 | 下へ2 | 上へ1 | 下へ1 | 26 |
| 27 | 左へ1 | 右へ2 | 下へ1 | 左へ1 | 右へ1 | 27 |
| 28 | 右へ1 | 左へ1 | 左へ1 | 右へ2 | 左へ1 | 28 |
| 29 | 上へ1 | 左へ1 | 右へ1 | 下へ2 | 右へ1 | 29 |
| 30 | 右へ1 | 左へ2 | 右へ1 | 上へ1 | 下へ1 | 30 |

Part**3**│10回分にチャレンジ レッツ! トレーニング

**6回目** ➡ ステップ1〔3×3〕　　　　　　制 限 時 間 ３分

解答欄

| | | | | | | |
|---|---|---|---|---|---|---|
| 1 | 左へ1 | 上へ1 | 右へ2 | 下へ1 | 左へ1 | 1 |
| 2 | 右へ1 | 左へ2 | 右へ2 | 下へ1 | 上へ2 | 2 |
| 3 | 右へ1 | 下へ1 | 上へ1 | 下へ2 | 左へ2 | 3 |
| 4 | 左へ1 | 上へ1 | 右へ2 | 下へ1 | 上へ1 | 4 |
| 5 | 下へ1 | 上へ2 | 下へ1 | 左へ1 | 上へ1 | 5 |
| 6 | 左へ1 | 右へ2 | 上へ1 | 左へ2 | 右へ1 | 6 |
| 7 | 左へ1 | 上へ1 | 右へ1 | 下へ1 | 上へ1 | 7 |
| 8 | 左へ1 | 下へ1 | 上へ1 | 右へ2 | 右へ1 | 8 |
| 9 | 右へ1 | 上へ1 | 左へ1 | 左へ1 | 右へ1 | 9 |
| 10 | 上へ1 | 下へ2 | 上へ2 | 下へ1 | 下へ1 | 10 |
| 11 | 下へ1 | 上へ1 | 下へ1 | 右へ1 | 上へ2 | 11 |
| 12 | 上へ1 | 下へ1 | 上へ1 | 左へ1 | 下へ2 | 12 |
| 13 | 右へ1 | 左へ2 | 上へ1 | 下へ2 | 右へ2 | 13 |
| 14 | 下へ1 | 右へ1 | 左へ1 | 上へ2 | 下へ1 | 14 |
| 15 | 上へ1 | 下へ1 | 右へ1 | 左へ1 | 左へ1 | 15 |
| 16 | 下へ1 | 左へ1 | 上へ1 | 右へ2 | 左へ1 | 16 |
| 17 | 上へ1 | 左へ1 | 右へ1 | 右へ1 | 左へ1 | 17 |
| 18 | 下へ1 | 上へ1 | 下へ1 | 左へ1 | 上へ2 | 18 |
| 19 | 左へ1 | 上へ1 | 右へ2 | 左へ2 | 右へ1 | 19 |
| 20 | 右へ1 | 下へ1 | 上へ2 | 左へ1 | 左へ1 | 20 |
| 21 | 右へ1 | 下へ1 | 左へ1 | 上へ1 | 下へ1 | 21 |
| 22 | 左へ1 | 下へ1 | 上へ2 | 右へ2 | 左へ2 | 22 |
| 23 | 上へ1 | 下へ1 | 下へ1 | 上へ1 | 右へ1 | 23 |
| 24 | 下へ1 | 上へ1 | 上へ1 | 下へ2 | 左へ1 | 24 |
| 25 | 下へ1 | 右へ1 | 上へ1 | 下へ1 | 上へ1 | 25 |
| 26 | 下へ1 | 右へ1 | 上へ2 | 左へ2 | 右へ1 | 26 |
| 27 | 下へ1 | 左へ1 | 右へ1 | 上へ2 | 下へ1 | 27 |
| 28 | 左へ1 | 下へ1 | 上へ2 | 下へ2 | 右へ2 | 28 |
| 29 | 上へ1 | 左へ1 | 下へ1 | 右へ2 | 左へ1 | 29 |
| 30 | 右へ1 | 左へ1 | 下へ1 | 上へ1 | 下へ1 | 30 |

89

# 2 スピードボード

| 7回目 | ➡ ステップ1〔3×3〕 | | | | 制限時間 3分 |
|---|---|---|---|---|---|

解答欄

| | | | | | | |
|---|---|---|---|---|---|---|
| 1 | 上へ1 | 右へ1 | 左へ2 | 右へ2 | 左へ2 | 1 |
| 2 | 下へ1 | 上へ1 | 右へ1 | 上へ1 | 下へ1 | 2 |
| 3 | 左へ1 | 右へ2 | 左へ2 | 右へ2 | 左へ2 | 3 |
| 4 | 下へ1 | 左へ1 | 右へ2 | 上へ1 | 左へ1 | 4 |
| 5 | 下へ1 | 左へ1 | 右へ1 | 上へ1 | 下へ1 | 5 |
| 6 | 上へ1 | 左へ1 | 右へ1 | 下へ2 | 上へ1 | 6 |
| 7 | 右へ1 | 下へ1 | 左へ1 | 上へ1 | 左へ1 | 7 |
| 8 | 左へ1 | 上へ1 | 右へ2 | 左へ1 | 上へ1 | 8 |
| 9 | 左へ1 | 上へ1 | 下へ1 | 右へ2 | 左へ2 | 9 |
| 10 | 下へ1 | 左へ1 | 右へ2 | 左へ2 | 上へ2 | 10 |
| 11 | 左へ1 | 下へ1 | 上へ1 | 上へ1 | 下へ2 | 11 |
| 12 | 上へ1 | 右へ1 | 下へ1 | 上へ1 | 下へ2 | 12 |
| 13 | 右へ1 | 上へ1 | 左へ1 | 下へ2 | 上へ2 | 13 |
| 14 | 右へ1 | 左へ1 | 上へ1 | 左へ1 | 右へ2 | 14 |
| 15 | 右へ1 | 上へ1 | 左へ2 | 右へ1 | 左へ1 | 15 |
| 16 | 下へ1 | 右へ1 | 左へ1 | 右へ2 | 左へ1 | 16 |
| 17 | 上へ1 | 下へ2 | 上へ1 | 上へ1 | 右へ1 | 17 |
| 18 | 下へ1 | 左へ1 | 上へ2 | 右へ1 | 下へ1 | 18 |
| 19 | 右へ1 | 左へ2 | 右へ1 | 下へ1 | 上へ2 | 19 |
| 20 | 上へ1 | 下へ1 | 右へ1 | 左へ1 | 右へ1 | 20 |
| 21 | 左へ1 | 右へ2 | 下へ1 | 上へ2 | 下へ2 | 21 |
| 22 | 右へ1 | 上へ1 | 下へ1 | 左へ1 | 下へ1 | 22 |
| 23 | 上へ1 | 下へ1 | 左へ1 | 上へ1 | 下へ2 | 23 |
| 24 | 右へ1 | 左へ2 | 上へ1 | 右へ1 | 下へ2 | 24 |
| 25 | 右へ1 | 下へ1 | 上へ1 | 上へ1 | 下へ2 | 25 |
| 26 | 左へ1 | 右へ2 | 左へ1 | 左へ1 | 右へ2 | 26 |
| 27 | 下へ1 | 左へ1 | 上へ2 | 右へ2 | 下へ2 | 27 |
| 28 | 下へ1 | 上へ1 | 左へ1 | 下へ1 | 右へ2 | 28 |
| 29 | 右へ1 | 左へ1 | 左へ1 | 右へ2 | 上へ1 | 29 |
| 30 | 左へ1 | 下へ1 | 上へ2 | 右へ2 | 下へ1 | 30 |

90

Part**3** | 10回分にチャレンジ レッツ! トレーニング

## **8回目** ➡ ステップ2〔4×4〕　制 限 時 間 3 分

解答欄

| | | | | | | |
|---|---|---|---|---|---|---|
| 1 | 下へ2 | 左へ1 | 上へ3 | 右へ3 | 下へ1 | 1 |
| 2 | 右へ1 | 下へ2 | 左へ1 | 上へ2 | 右へ2 | 2 |
| 3 | 上へ1 | 右へ1 | 下へ2 | 右へ1 | 下へ1 | 3 |
| 4 | 上へ1 | 右へ1 | 下へ1 | 右へ1 | 下へ2 | 4 |
| 5 | 右へ1 | 上へ1 | 左へ2 | 下へ2 | 右へ2 | 5 |
| 6 | 下へ1 | 左へ1 | 下へ1 | 右へ3 | 上へ2 | 6 |
| 7 | 右へ2 | 下へ2 | 左へ1 | 上へ3 | 左へ2 | 7 |
| 8 | 下へ1 | 右へ2 | 上へ1 | 左へ1 | 下へ2 | 8 |
| 9 | 右へ1 | 下へ1 | 右へ1 | 下へ1 | 左へ1 | 9 |
| 10 | 上へ1 | 右へ2 | 下へ1 | 左へ2 | 下へ2 | 10 |
| 11 | 右へ1 | 下へ1 | 左へ1 | 下へ1 | 左へ1 | 11 |
| 12 | 右へ1 | 上へ1 | 左へ2 | 下へ1 | 右へ2 | 12 |
| 13 | 右へ1 | 下へ1 | 左へ1 | 上へ1 | 右へ2 | 13 |
| 14 | 右へ2 | 下へ2 | 左へ1 | 上へ2 | 左へ1 | 14 |
| 15 | 左へ1 | 下へ2 | 右へ3 | 上へ1 | 左へ1 | 15 |
| 16 | 上へ1 | 右へ2 | 下へ1 | 左へ3 | 下へ1 | 16 |
| 17 | 右へ1 | 上へ1 | 右へ1 | 下へ1 | 左へ1 | 17 |
| 18 | 右へ2 | 下へ1 | 左へ3 | 上へ2 | 右へ2 | 18 |
| 19 | 上へ1 | 右へ1 | 下へ1 | 左へ1 | 上へ1 | 19 |
| 20 | 右へ1 | 下へ2 | 右へ1 | 上へ1 | 左へ3 | 20 |
| 21 | 下へ2 | 右へ1 | 上へ1 | 左へ1 | 下へ1 | 21 |
| 22 | 右へ1 | 下へ1 | 左へ2 | 下へ1 | 右へ2 | 22 |
| 23 | 上へ1 | 右へ1 | 下へ1 | 左へ2 | 上へ1 | 23 |
| 24 | 下へ1 | 右へ1 | 上へ1 | 左へ1 | 上へ1 | 24 |
| 25 | 下へ2 | 左へ1 | 上へ2 | 右へ1 | 上へ1 | 25 |
| 26 | 右へ1 | 下へ2 | 左へ2 | 上へ2 | 右へ1 | 26 |
| 27 | 下へ2 | 左へ1 | 上へ2 | 右へ3 | 下へ1 | 27 |
| 28 | 左へ1 | 下へ1 | 右へ1 | 上へ1 | 右へ1 | 28 |
| 29 | 上へ1 | 左へ1 | 下へ2 | 右へ2 | 下へ1 | 29 |
| 30 | 下へ2 | 左へ1 | 上へ1 | 右へ2 | 上へ1 | 30 |

91

# ② スピードボード

**9回目** ➡ ステップ2〔4×4〕　　　　制 限 時 間 3 分

解答欄

| | | | | | |
|---|---|---|---|---|---|
| 1 | 右へ1 | 下へ1 | 左へ1 | 上へ2 | 左へ1 |
| 2 | 右へ2 | 下へ2 | 左へ2 | 上へ1 | 左へ1 |
| 3 | 右へ2 | 上へ1 | 左へ2 | 下へ1 | 左へ1 |
| 4 | 左へ1 | 下へ2 | 右へ2 | 上へ1 | 右へ1 |
| 5 | 上へ1 | 右へ1 | 下へ3 | 左へ2 | 上へ3 |
| 6 | 右へ2 | 下へ2 | 左へ1 | 上へ1 | 右へ1 |
| 7 | 下へ1 | 右へ2 | 下へ1 | 左へ2 | 上へ3 |
| 8 | 下へ1 | 左へ1 | 上へ1 | 右へ2 | 下へ1 |
| 9 | 下へ2 | 右へ2 | 上へ3 | 左へ3 | 下へ1 |
| 10 | 右へ1 | 下へ1 | 左へ2 | 上へ1 | 右へ3 |
| 11 | 右へ1 | 下へ1 | 右へ1 | 上へ1 | 左へ2 |
| 12 | 右へ2 | 下へ1 | 左へ1 | 上へ2 | 左へ2 |
| 13 | 左へ1 | 下へ2 | 右へ3 | 上へ3 | 左へ2 |
| 14 | 下へ2 | 右へ2 | 上へ1 | 左へ3 | 上へ1 |
| 15 | 下へ1 | 右へ1 | 左へ1 | 右へ1 | 上へ1 |
| 16 | 上へ1 | 右へ1 | 下へ2 | 左へ2 | 上に2 |
| 17 | 左へ1 | 上へ1 | 右へ1 | 下へ1 | 右へ1 |
| 18 | 右へ2 | 下へ2 | 左へ1 | 上へ2 | 左へ2 |
| 19 | 右へ1 | 上へ1 | 左へ1 | 下へ1 | 左へ1 |
| 20 | 下へ1 | 右へ2 | 上へ2 | 左へ3 | 下へ1 |
| 21 | 右へ1 | 上へ1 | 左へ1 | 下へ1 | 右へ2 |
| 22 | 下へ1 | 右へ2 | 上へ1 | 左へ2 | 上へ1 |
| 23 | 下へ2 | 左へ1 | 上へ3 | 右へ3 | 下へ3 |
| 24 | 左へ1 | 上へ1 | 右へ3 | 下へ3 | 左へ3 |
| 25 | 上へ1 | 右へ1 | 下へ2 | 左へ1 | 下へ1 |
| 26 | 上へ1 | 左へ1 | 下へ3 | 右へ3 | 上へ2 |
| 27 | 下へ1 | 右へ2 | 上へ2 | 左へ2 | 下へ3 |
| 28 | 下へ2 | 左へ1 | 上へ2 | 右へ3 | 下へ2 |
| 29 | 下へ2 | 左へ1 | 上へ2 | 右へ1 | 下へ2 |
| 30 | 下へ1 | 左へ1 | 上へ1 | 右へ2 | 上へ1 |

Part**3** | 10回分にチャレンジ レッツ! トレーニング

## 10回目 ➡ ステップ2〔4×4〕　　制 限 時 間 3 分

解答欄

| # | | | | | | |
|---|---|---|---|---|---|---|
| 1 | 右へ2 | 下へ1 | 左へ3 | 上へ1 | 右へ2 | 1 |
| 2 | 下へ1 | 左へ1 | 上へ1 | 右へ2 | 下へ2 | 2 |
| 3 | 右へ1 | 上へ1 | 左へ1 | 下へ3 | 右へ2 | 3 |
| 4 | 下へ2 | 右へ1 | 上へ2 | 左へ2 | 上へ1 | 4 |
| 5 | 上へ1 | 右へ1 | 下へ3 | 左へ1 | 上へ1 | 5 |
| 6 | 左へ1 | 下へ1 | 右へ3 | 下へ1 | 左へ2 | 6 |
| 7 | 左へ1 | 下へ1 | 右へ1 | 上へ1 | 右へ2 | 7 |
| 8 | 下へ2 | 右へ1 | 上へ1 | 右へ1 | 下へ1 | 8 |
| 9 | 下へ1 | 左へ1 | 下へ1 | 右へ1 | 上へ2 | 9 |
| 10 | 上へ1 | 右へ1 | 下へ3 | 左へ1 | 上へ3 | 10 |
| 11 | 上へ1 | 右へ2 | 下へ3 | 左へ2 | 上へ1 | 11 |
| 12 | 上へ1 | 左へ1 | 下へ3 | 右へ2 | 上へ2 | 12 |
| 13 | 右へ2 | 下へ1 | 左へ1 | 下へ1 | 右へ1 | 13 |
| 14 | 上へ1 | 右へ1 | 下へ3 | 右へ1 | 上へ3 | 14 |
| 15 | 右へ1 | 下へ2 | 左へ1 | 上へ2 | 左へ1 | 15 |
| 16 | 右へ2 | 下へ2 | 左へ3 | 上へ1 | 右へ1 | 16 |
| 17 | 右へ2 | 上へ1 | 左へ2 | 下へ3 | 右へ1 | 17 |
| 18 | 右へ2 | 下へ2 | 左へ2 | 上へ3 | 右へ1 | 18 |
| 19 | 下へ2 | 右へ2 | 上へ1 | 左へ3 | 下へ1 | 19 |
| 20 | 下へ2 | 右へ2 | 上へ3 | 左へ1 | 下へ3 | 20 |
| 21 | 右へ2 | 上へ1 | 左へ3 | 下へ2 | 右へ3 | 21 |
| 22 | 上へ1 | 右へ2 | 下へ3 | 左へ1 | 上へ3 | 22 |
| 23 | 左へ1 | 下へ2 | 右へ1 | 上へ1 | 右へ1 | 23 |
| 24 | 下へ1 | 右へ1 | 下へ1 | 右へ1 | 上へ1 | 24 |
| 25 | 下へ2 | 右へ2 | 上へ1 | 左へ2 | 上へ2 | 25 |
| 26 | 右へ2 | 下へ1 | 左へ3 | 下へ1 | 右へ1 | 26 |
| 27 | 下へ1 | 右へ1 | 下へ1 | 左へ1 | 上へ3 | 27 |
| 28 | 左へ1 | 上へ1 | 右へ3 | 下へ2 | 左へ3 | 28 |
| 29 | 右へ2 | 下へ1 | 左へ1 | 上へ1 | 左へ1 | 29 |
| 30 | 左へ1 | 下へ2 | 右へ2 | 上へ1 | 左へ1 | 30 |

93

# ② スピードボード解答

| 1回目 | | 2回目 | | 3回目 | | 4回目 | | 5回目 | |
|---|---|---|---|---|---|---|---|---|---|
| No. | 正解 | No. | 正解 | No. | 正解 | No. | 正解 | No. | 正解 |
| 1 | 0 | 1 | C | 1 | C | 1 | 1 | 1 | 2 |
| 2 | 3 | 2 | D | 2 | 4 | 2 | 1 | 2 | B |
| 3 | 2 | 3 | 2 | 3 | 4 | 3 | A | 3 | B |
| 4 | 1 | 4 | D | 4 | D | 4 | 2 | 4 | 2 |
| 5 | B | 5 | D | 5 | 0 | 5 | 4 | 5 | 4 |
| 6 | A | 6 | 2 | 6 | 0 | 6 | 1 | 6 | 0 |
| 7 | B | 7 | B | 7 | 4 | 7 | B | 7 | A |
| 8 | 0 | 8 | 3 | 8 | 3 | 8 | 0 | 8 | 4 |
| 9 | A | 9 | 1 | 9 | 2 | 9 | A | 9 | 4 |
| 10 | 3 | 10 | 1 | 10 | A | 10 | C | 10 | 2 |
| 11 | D | 11 | B | 11 | 0 | 11 | A | 11 | 3 |
| 12 | 3 | 12 | 4 | 12 | 4 | 12 | A | 12 | 4 |
| 13 | 0 | 13 | 0 | 13 | 2 | 13 | C | 13 | 1 |
| 14 | D | 14 | 0 | 14 | 1 | 14 | C | 14 | 0 |
| 15 | D | 15 | B | 15 | 3 | 15 | 1 | 15 | 0 |
| 16 | B | 16 | C | 16 | 4 | 16 | A | 16 | 1 |
| 17 | 4 | 17 | C | 17 | C | 17 | B | 17 | A |
| 18 | 1 | 18 | 4 | 18 | B | 18 | A | 18 | 3 |
| 19 | D | 19 | 4 | 19 | 2 | 19 | 1 | 19 | A |
| 20 | C | 20 | 3 | 20 | 3 | 20 | 2 | 20 | B |
| 21 | C | 21 | 4 | 21 | D | 21 | 4 | 21 | 3 |
| 22 | 0 | 22 | 3 | 22 | 1 | 22 | A | 22 | 2 |
| 23 | 3 | 23 | C | 23 | 3 | 23 | C | 23 | B |
| 24 | C | 24 | 0 | 24 | B | 24 | 3 | 24 | 0 |
| 25 | C | 25 | 1 | 25 | D | 25 | C | 25 | D |
| 26 | 0 | 26 | C | 26 | C | 26 | 4 | 26 | D |
| 27 | 2 | 27 | 0 | 27 | A | 27 | 2 | 27 | C |
| 28 | D | 28 | 1 | 28 | 2 | 28 | B | 28 | 0 |
| 29 | B | 29 | 2 | 29 | A | 29 | 3 | 29 | C |
| 30 | 2 | 30 | 2 | 30 | 4 | 30 | 4 | 30 | 0 |

Part3 | 10回分にチャレンジ レッツ! トレーニング

| 6回目 No. | 正解 | 7回目 No. | 正解 | 8回目 No. | 正解 | 9回目 No. | 正解 | 10回目 No. | 正解 |
|---|---|---|---|---|---|---|---|---|---|
| 1 | 0 | 1 | A | 1 | c | 1 | a | 1 | 7 |
| 2 | B | 2 | 2 | 2 | c | 2 | f | 2 | 4 |
| 3 | D | 3 | 4 | 3 | d | 3 | 6 | 3 | d |
| 4 | B | 4 | 0 | 4 | d | 4 | 3 | 4 | a |
| 5 | A | 5 | 3 | 5 | g | 5 | a | 5 | 8 |
| 6 | 1 | 6 | 0 | 6 | c | 6 | 3 | 6 | e |
| 7 | 1 | 7 | 4 | 7 | a | 7 | 1 | 7 | c |
| 8 | C | 8 | A | 8 | 4 | 8 | g | 8 | d |
| 9 | 1 | 9 | D | 9 | 4 | 9 | 6 | 9 | 0 |
| 10 | 3 | 10 | A | 10 | e | 10 | c | 10 | 1 |
| 11 | B | 11 | D | 11 | 5 | 11 | 1 | 11 | 8 |
| 12 | D | 12 | C | 12 | 7 | 12 | a | 12 | 7 |
| 13 | C | 13 | 1 | 13 | c | 13 | 1 | 13 | d |
| 14 | 0 | 14 | B | 14 | 0 | 14 | 6 | 14 | 2 |
| 15 | 4 | 15 | A | 15 | g | 15 | 2 | 15 | 6 |
| 16 | 0 | 16 | 3 | 16 | f | 16 | a | 16 | 8 |
| 17 | 1 | 17 | B | 17 | 7 | 17 | 7 | 17 | 4 |
| 18 | A | 18 | 0 | 18 | b | 18 | 6 | 18 | b |
| 19 | 1 | 19 | 1 | 19 | 1 | 19 | 6 | 19 | 5 |
| 20 | A | 20 | 2 | 20 | f | 20 | 6 | 20 | 4 |
| 21 | 3 | 21 | C | 21 | e | 21 | c | 21 | 3 |
| 22 | A | 22 | 3 | 22 | 4 | 22 | 1 | 22 | b |
| 23 | 2 | 23 | D | 23 | a | 23 | d | 23 | g |
| 24 | D | 24 | 3 | 24 | 1 | 24 | 5 | 24 | 3 |
| 25 | 2 | 25 | C | 25 | 1 | 25 | e | 25 | 1 |
| 26 | 1 | 26 | 2 | 26 | 0 | 26 | c | 26 | e |
| 27 | 0 | 27 | C | 27 | 3 | 27 | e | 27 | 1 |
| 28 | C | 28 | C | 28 | 7 | 28 | d | 28 | f |
| 29 | 0 | 29 | B | 29 | 4 | 29 | e | 29 | 0 |
| 30 | 3 | 30 | 2 | 30 | 7 | 30 | b | 30 | 8 |

## 論理的に考える力をつける
# ③ ロジカルテスト

🔴 トレーニング方法はP44〜P49にあります。

### 1回目 ➡ ステップ1

制限時間 ③分

解答欄

| | | | | |
|---|---|---|---|---|
| 1 | BはCより良い。 | AはBより良い。 | 一番良いのは？ | 1 |
| 2 | AはCより良い。 | BはCより悪い。 | 一番良いのは？ | 2 |
| 3 | AはBより良い。 | BはCより良い。 | 一番良いのは？ | 3 |
| 4 | BはCより良い。 | CはAより良い。 | 一番良いのは？ | 4 |
| 5 | BはCより良い。 | AはBより良い。 | 一番良いのは？ | 5 |
| 6 | CはBより良い。 | AはCより良い。 | 一番良いのは？ | 6 |
| 7 | CはAより良い。 | BはAより悪い。 | 一番良いのは？ | 7 |
| 8 | BはCより悪い。 | AはCより良い。 | 一番良いのは？ | 8 |
| 9 | BはCより良い。 | CはAより良い。 | 一番良いのは？ | 9 |
| 10 | AはCより悪い。 | BはCより良い。 | 一番良いのは？ | 10 |
| 11 | CはAより良い。 | AはBより良い。 | 一番良いのは？ | 11 |
| 12 | CはAより良い。 | BはAより悪い。 | 一番良いのは？ | 12 |
| 13 | AはCより良い。 | BはAより良い。 | 一番良いのは？ | 13 |
| 14 | CはBより良い。 | AはCより良い。 | 一番良いのは？ | 14 |
| 15 | AはBより悪い。 | CはBより良い。 | 一番良いのは？ | 15 |
| 16 | CはAより良い。 | AはBより良い。 | 一番良いのは？ | 16 |
| 17 | AはBより良い。 | CはAより良い。 | 一番良いのは？ | 17 |
| 18 | CはBより悪い。 | AはBより良い。 | 一番良いのは？ | 18 |
| 19 | CはAより良い。 | AはBより良い。 | 一番良いのは？ | 19 |
| 20 | CはBより悪い。 | AはBより良い。 | 一番良いのは？ | 20 |
| 21 | BはCより良い。 | CはAより良い。 | 一番良いのは？ | 21 |
| 22 | AはCより良い。 | BはCより悪い。 | 一番良いのは？ | 22 |
| 23 | CはBより悪い。 | AはBより良い。 | 一番良いのは？ | 23 |
| 24 | AはCより悪い。 | BはCより良い。 | 一番良いのは？ | 24 |
| 25 | AはCより良い。 | CはBより良い。 | 一番良いのは？ | 25 |
| 26 | AはCより良い。 | BはAより良い。 | 一番良いのは？ | 26 |
| 27 | CはAより良い。 | BはAより悪い。 | 一番良いのは？ | 27 |
| 28 | CはAより良い。 | AはBより良い。 | 一番良いのは？ | 28 |
| 29 | BはCより良い。 | AはBより良い。 | 一番良いのは？ | 29 |
| 30 | BはAより良い。 | CはAより悪い。 | 一番良いのは？ | 30 |

Part**3**｜10回分にチャレンジ レッツ! トレーニング

## 2回目 ➡ステップ1　　　　　　　　　制 限 時 間 3 分

解 答 欄

| | | | | |
|---|---|---|---|---|
| 1 | BはCより良い。 | CはAより良い。 | 一番良いのは？ | 1 |
| 2 | CはBより良い。 | AはCより良い。 | 一番良いのは？ | 2 |
| 3 | BはAより良い。 | CはBより良い。 | 一番良いのは？ | 3 |
| 4 | BはAより良い。 | CはAより悪い。 | 一番良いのは？ | 4 |
| 5 | BはCより良い。 | AはBより良い。 | 一番良いのは？ | 5 |
| 6 | BはAより良い。 | AはCより良い。 | 一番良いのは？ | 6 |
| 7 | CはBより良い。 | AはBより悪い。 | 一番良いのは？ | 7 |
| 8 | BはCより良い。 | AはBより良い。 | 一番良いのは？ | 8 |
| 9 | CはAより良い。 | BはCより良い。 | 一番良いのは？ | 9 |
| 10 | AはBより悪い。 | CはBより良い。 | 一番良いのは？ | 10 |
| 11 | AはCより良い。 | BはAより良い。 | 一番良いのは？ | 11 |
| 12 | CはBより悪い。 | AはBより良い。 | 一番良いのは？ | 12 |
| 13 | BはCより良い。 | AはBより良い。 | 一番良いのは？ | 13 |
| 14 | AはBより良い。 | CはBより悪い。 | 一番良いのは？ | 14 |
| 15 | BはAより良い。 | CはBより良い。 | 一番良いのは？ | 15 |
| 16 | CはAより良い。 | AはBより良い。 | 一番良いのは？ | 16 |
| 17 | BはAより良い。 | CはAより悪い。 | 一番良いのは？ | 17 |
| 18 | BはCより良い。 | AはBより良い。 | 一番良いのは？ | 18 |
| 19 | BはAより良い。 | CはAより悪い。 | 一番良いのは？ | 19 |
| 20 | BはCより良い。 | AはBより良い。 | 一番良いのは？ | 20 |
| 21 | CはBより良い。 | AはBより悪い。 | 一番良いのは？ | 21 |
| 22 | BはAより良い。 | AはCより良い。 | 一番良いのは？ | 22 |
| 23 | BはCより良い。 | CはAより良い。 | 一番良いのは？ | 23 |
| 24 | CはBより悪い。 | AはBより良い。 | 一番良いのは？ | 24 |
| 25 | AはCより良い。 | BはAより良い。 | 一番良いのは？ | 25 |
| 26 | BはAより良い。 | CはAより悪い。 | 一番良いのは？ | 26 |
| 27 | BはCより良い。 | CはAより良い。 | 一番良いのは？ | 27 |
| 28 | BはAより良い。 | CはAより悪い。 | 一番良いのは？ | 28 |
| 29 | CはBより良い。 | AはCより良い。 | 一番良いのは？ | 29 |
| 30 | BはCより良い。 | AはBより良い。 | 一番良いのは？ | 30 |

97

# ❸ ロジカルテスト

**3回目** ➡ ステップ1　　　　　　　　　　　　　　制限時間 **3** 分

解答欄

| # | | | | |
|---|---|---|---|---|
| 1 | AはCより良い。 | BはAより良い。 | 一番良いのは？ | 1 |
| 2 | BはCより悪い。 | AはCより良い。 | 一番良いのは？ | 2 |
| 3 | CはAより良い。 | BはAより悪い。 | 一番良いのは？ | 3 |
| 4 | AはCより良い。 | BはAより良い。 | 一番良いのは？ | 4 |
| 5 | AはCより良い。 | BはCより悪い。 | 一番良いのは？ | 5 |
| 6 | BはCより悪い。 | AはCより良い。 | 一番良いのは？ | 6 |
| 7 | AはCより良い。 | BはAより良い。 | 一番良いのは？ | 7 |
| 8 | CはBより良い。 | AはBより悪い。 | 一番良いのは？ | 8 |
| 9 | CはBより良い。 | AはCより良い。 | 一番良いのは？ | 9 |
| 10 | BはCより良い。 | AはBより良い。 | 一番良いのは？ | 10 |
| 11 | CはBより良い。 | AはCより良い。 | 一番良いのは？ | 11 |
| 12 | AはCより良い。 | BはAより良い。 | 一番良いのは？ | 12 |
| 13 | BはCより良い。 | AはCより悪い。 | 一番良いのは？ | 13 |
| 14 | CはAより良い。 | BはAより悪い。 | 一番良いのは？ | 14 |
| 15 | AはCより良い。 | BはAより良い。 | 一番良いのは？ | 15 |
| 16 | BはCより良い。 | AはBより良い。 | 一番良いのは？ | 16 |
| 17 | AはCより良い。 | BはCより悪い。 | 一番良いのは？ | 17 |
| 18 | AはCより良い。 | BはAより良い。 | 一番良いのは？ | 18 |
| 19 | BはCより悪い。 | AはCより良い。 | 一番良いのは？ | 19 |
| 20 | BはCより良い。 | AはBより良い。 | 一番良いのは？ | 20 |
| 21 | BはCより悪い。 | AはCより良い。 | 一番良いのは？ | 21 |
| 22 | CはAより良い。 | BはAより悪い。 | 一番良いのは？ | 22 |
| 23 | AはCより良い。 | BはCより悪い。 | 一番良いのは？ | 23 |
| 24 | BはAより良い。 | AはCより良い。 | 一番良いのは？ | 24 |
| 25 | BはAより良い。 | CはAより悪い。 | 一番良いのは？ | 25 |
| 26 | BはAより良い。 | AはCより良い。 | 一番良いのは？ | 26 |
| 27 | AはCより良い。 | BはAより良い。 | 一番良いのは？ | 27 |
| 28 | AはCより良い。 | BはCより悪い。 | 一番良いのは？ | 28 |
| 29 | BはAより良い。 | CはAより悪い。 | 一番良いのは？ | 29 |
| 30 | AはCより良い。 | BはAより良い。 | 一番良いのは？ | 30 |

98

Part**3** | 10回分にチャレンジ レッツ! トレーニング

## 4回目 →ステップ2　　　　　制限時間3分

解答欄

| | | | | |
|---|---|---|---|---|
| 1 | AはBより近い。 | CはBより遠い。 | 一番近いのは？ | 1 |
| 2 | AはCより浅い。 | BはAより浅い。 | 一番深いのは？ | 2 |
| 3 | BはCより狭い。 | BはAより広い。 | 一番広いのは？ | 3 |
| 4 | BはCより低い。 | AはCより高い。 | 一番高いのは？ | 4 |
| 5 | BはAより遠い。 | AはCより遠い。 | 一番近いのは？ | 5 |
| 6 | BはAより悪い。 | CはBより悪い。 | 一番良いのは？ | 6 |
| 7 | AはCより短い。 | AはBより長い。 | 一番長いのは？ | 7 |
| 8 | AはBより細い。 | AはCより太い。 | 一番太いのは？ | 8 |
| 9 | CはAより良い。 | BはCより良い。 | 一番良いのは？ | 9 |
| 10 | BはAより浅い。 | CはAより深い。 | 一番深いのは？ | 10 |
| 11 | AはBより細い。 | AはCより太い。 | 一番太いのは？ | 11 |
| 12 | CはBより広い。 | AはCより広い。 | 一番広いのは？ | 12 |
| 13 | AはCより深い。 | BはCより浅い。 | 一番深いのは？ | 13 |
| 14 | BはCより長い。 | BはAより短い。 | 一番長いのは？ | 14 |
| 15 | BはCより短い。 | AはBより短い。 | 一番長いのは？ | 15 |
| 16 | BはAより弱い。 | CはAより強い。 | 一番強いのは？ | 16 |
| 17 | BはAより速い。 | AはCより速い。 | 一番速いのは？ | 17 |
| 18 | AはBより深い。 | CはBより浅い。 | 一番深いのは？ | 18 |
| 19 | BはCより軽い。 | AはCより重い。 | 一番軽いのは？ | 19 |
| 20 | AはBより太い。 | CはBより細い。 | 一番太いのは？ | 20 |
| 21 | BはCより遅い。 | CはAより遅い。 | 一番速いのは？ | 21 |
| 22 | CはBより短い。 | CはAより長い。 | 一番長いのは？ | 22 |
| 23 | AはCより強い。 | BはCより弱い。 | 一番強いのは？ | 23 |
| 24 | AはCより太い。 | BはCより細い。 | 一番太いのは？ | 24 |
| 25 | AはCより近い。 | BはCより遠い。 | 一番近いのは？ | 25 |
| 26 | BはAより太い。 | CはBより太い。 | 一番太いのは？ | 26 |
| 27 | BはAより遠い。 | AはCより遠い。 | 一番近いのは？ | 27 |
| 28 | CはAより悪い。 | BはAより良い。 | 一番良いのは？ | 28 |
| 29 | CはAより近い。 | CはBより遠い。 | 一番近いのは？ | 29 |
| 30 | CはAより広い。 | CはBより狭い。 | 一番広いのは？ | 30 |

99

# ❸ ロジカルテスト

**5回目** ➡ ステップ2 　　　　　　　　　　　制限時間3分

解答欄

| | | | | |
|---|---|---|---|---|
| 1 | AはBより遅い。 | AはCより速い。 | 一番速いのは？ | 1 |
| 2 | BはAより低い。 | CはAより高い。 | 一番高いのは？ | 2 |
| 3 | CはBより深い。 | CはAより浅い。 | 一番深いのは？ | 3 |
| 4 | CはBより低い。 | BはAより低い。 | 一番高いのは？ | 4 |
| 5 | CはAより短い。 | BはAより長い。 | 一番長いのは？ | 5 |
| 6 | CはBより遠い。 | AはCより遠い。 | 一番近いのは？ | 6 |
| 7 | BはAより高い。 | AはCより高い。 | 一番高いのは？ | 7 |
| 8 | CはBより強い。 | BはAより強い。 | 一番強いのは？ | 8 |
| 9 | BはAより深い。 | CはBより深い。 | 一番深いのは？ | 9 |
| 10 | CはAより遠い。 | CはBより近い。 | 一番近いのは？ | 10 |
| 11 | AはBより長い。 | AはCより短い。 | 一番長いのは？ | 11 |
| 12 | CはAより重い。 | AはBより重い。 | 一番軽いのは？ | 12 |
| 13 | AはCより長い。 | BはAより長い。 | 一番長いのは？ | 13 |
| 14 | BはCより重い。 | AはBより重い。 | 一番軽いのは？ | 14 |
| 15 | BはCより細い。 | CはAより細い。 | 一番太いのは？ | 15 |
| 16 | BはAより細い。 | CはBより細い。 | 一番太いのは？ | 16 |
| 17 | BはAより狭い。 | BはCより広い。 | 一番広いのは？ | 17 |
| 18 | AはBより近い。 | CはAより近い。 | 一番近いのは？ | 18 |
| 19 | BはAより重い。 | CはAより軽い。 | 一番軽いのは？ | 19 |
| 20 | CはAより低い。 | BはAより高い。 | 一番高いのは？ | 20 |
| 21 | CはBより広い。 | CはAより狭い。 | 一番広いのは？ | 21 |
| 22 | BはCより弱い。 | BはAより強い。 | 一番強いのは？ | 22 |
| 23 | BはCより太い。 | BはAより細い。 | 一番太いのは？ | 23 |
| 24 | BはCより狭い。 | BはAより広い。 | 一番広いのは？ | 24 |
| 25 | BはAより重い。 | CはAより軽い。 | 一番軽いのは？ | 25 |
| 26 | CはAより深い。 | BはAより浅い。 | 一番深いのは？ | 26 |
| 27 | BはAより高い。 | CはAより低い。 | 一番高いのは？ | 27 |
| 28 | CはBより悪い。 | AはCより悪い。 | 一番良いのは？ | 28 |
| 29 | AはBより遅い。 | AはCより速い。 | 一番速いのは？ | 29 |
| 30 | AはCより悪い。 | CはBより悪い。 | 一番良いのは？ | 30 |

Part**3** | 10回分にチャレンジ レッツ! トレーニング

## 6回目 →ステップ2　　　　制限時間3分

解答欄

| | | | | |
|---|---|---|---|---|
| 1 | AはCより速い。 | BはAより速い。 | 一番速いのは？ | 1 |
| 2 | AはCより遅い。 | BはCより速い。 | 一番速いのは？ | 2 |
| 3 | CはAより強い。 | BはAより弱い。 | 一番強いのは？ | 3 |
| 4 | CはAより強い。 | CはBより弱い。 | 一番強いのは？ | 4 |
| 5 | CはAより高い。 | BはAより低い。 | 一番高いのは？ | 5 |
| 6 | CはAより遠い。 | AはBより遠い。 | 一番近いのは？ | 6 |
| 7 | BはAより広い。 | AはCより広い。 | 一番広いのは？ | 7 |
| 8 | AはBより遠い。 | AはCより近い。 | 一番近いのは？ | 8 |
| 9 | CはAより短い。 | AはBより短い。 | 一番長いのは？ | 9 |
| 10 | CはAより深い。 | CはBより浅い。 | 一番深いのは？ | 10 |
| 11 | BはCより高い。 | AはCより低い。 | 一番高いのは？ | 11 |
| 12 | BはCより遠い。 | CはAより遠い。 | 一番近いのは？ | 12 |
| 13 | AはCより浅い。 | CはBより浅い。 | 一番深いのは？ | 13 |
| 14 | AはBより狭い。 | AはCより広い。 | 一番広いのは？ | 14 |
| 15 | CはAより長い。 | BはCより長い。 | 一番長いのは？ | 15 |
| 16 | BはAより太い。 | BはCより細い。 | 一番太いのは？ | 16 |
| 17 | AはCより細い。 | CはBより細い。 | 一番太いのは？ | 17 |
| 18 | BはCより浅い。 | CはAより浅い。 | 一番深いのは？ | 18 |
| 19 | AはCより強い。 | BはAより強い。 | 一番強いのは？ | 19 |
| 20 | CはAより重い。 | BはCより重い。 | 一番軽いのは？ | 20 |
| 21 | BはCより遠い。 | AはCより近い。 | 一番近いのは？ | 21 |
| 22 | CはBより近い。 | BはAより近い。 | 一番近いのは？ | 22 |
| 23 | AはCより低い。 | CはBより低い。 | 一番高いのは？ | 23 |
| 24 | CはBより近い。 | CはAより遠い。 | 一番近いのは？ | 24 |
| 25 | CはBより良い。 | AはBより悪い。 | 一番良いのは？ | 25 |
| 26 | CはBより近い。 | AはCより近い。 | 一番近いのは？ | 26 |
| 27 | AはCより短い。 | BはAより短い。 | 一番長いのは？ | 27 |
| 28 | BはCより短い。 | CはAより短い。 | 一番長いのは？ | 28 |
| 29 | AはCより深い。 | AはBより浅い。 | 一番深いのは？ | 29 |
| 30 | CはAより良い。 | BはAより悪い。 | 一番良いのは？ | 30 |

101

# 3 ロジカルテスト

**7回目** ➡ステップ2　　　　　　　　　　　制限時間3分

解答欄

| | | | | |
|---|---|---|---|---|
| 1 | CはBより細い。 | AはCより細い。 | 一番太いのは？ | 1 |
| 2 | BはCより速い。 | BはAより遅い。 | 一番速いのは？ | 2 |
| 3 | BはCより短い。 | AはCより長い。 | 一番長いのは？ | 3 |
| 4 | AはCより細い。 | AはBより太い。 | 一番太いのは？ | 4 |
| 5 | BはCより深い。 | AはBより深い。 | 一番深いのは？ | 5 |
| 6 | BはCより良い。 | CはAより良い。 | 一番良いのは？ | 6 |
| 7 | BはAより悪い。 | BはCより良い。 | 一番良いのは？ | 7 |
| 8 | AはBより浅い。 | CはBより深い。 | 一番深いのは？ | 8 |
| 9 | AはBより軽い。 | CはAより軽い。 | 一番軽いのは？ | 9 |
| 10 | CはBより太い。 | AはBより細い。 | 一番太いのは？ | 10 |
| 11 | CはAより浅い。 | CはBより深い。 | 一番深いのは？ | 11 |
| 12 | AはBより浅い。 | AはCより深い。 | 一番深いのは？ | 12 |
| 13 | CはBより低い。 | CはAより高い。 | 一番高いのは？ | 13 |
| 14 | BはCより弱い。 | AはCより強い。 | 一番強いのは？ | 14 |
| 15 | CはBより重い。 | AはBより軽い。 | 一番軽いのは？ | 15 |
| 16 | BはAより弱い。 | CはBより弱い。 | 一番強いのは？ | 16 |
| 17 | CはAより広い。 | AはBより広い。 | 一番広いのは？ | 17 |
| 18 | AはCより短い。 | BはCより長い。 | 一番長いのは？ | 18 |
| 19 | AはCより近い。 | AはBより遠い。 | 一番近いのは？ | 19 |
| 20 | AはBより短い。 | BはCより短い。 | 一番長いのは？ | 20 |
| 21 | BはAより低い。 | BはCより高い。 | 一番高いのは？ | 21 |
| 22 | AはBより遠い。 | AはCより近い。 | 一番近いのは？ | 22 |
| 23 | AはCより浅い。 | BはCより深い。 | 一番深いのは？ | 23 |
| 24 | BはAより軽い。 | CはBより軽い。 | 一番軽いのは？ | 24 |
| 25 | AはBより遅い。 | AはCより速い。 | 一番速いのは？ | 25 |
| 26 | BはCより重い。 | CはAより重い。 | 一番軽いのは？ | 26 |
| 27 | AはCより狭い。 | BはCより広い。 | 一番広いのは？ | 27 |
| 28 | BはAより速い。 | CはBより速い。 | 一番速いのは？ | 28 |
| 29 | CはAより短い。 | CはBより長い。 | 一番長いのは？ | 29 |
| 30 | CはAより軽い。 | CはBより重い。 | 一番軽いのは？ | 30 |

102

Part**3** | 10回分にチャレンジ レッツ! トレーニング

## 8回目 ➡ ステップ3　　　　　　　　　制限時間3分

解答欄

| | | | | |
|---|---|---|---|---|
| 1 | AはCより強い。 | BはCより弱い。 | 一番弱いのは？ | 1 |
| 2 | CはAより高い。 | AはBより高い。 | 一番低いのは？ | 2 |
| 3 | CはBより軽い。 | BはAより重い。 | 一番軽いのは？ | 3 |
| 4 | AはBより悪い。 | CはAより良い。 | 一番悪いのは？ | 4 |
| 5 | CはBより太い。 | BはAより細い。 | 一番太いのは？ | 5 |
| 6 | AはBより狭い。 | CはAより広い。 | 一番広いのは？ | 6 |
| 7 | BはAより細い。 | CはAより太い。 | 一番太いのは？ | 7 |
| 8 | BはCより良い。 | AはBより良い。 | 一番悪いのは？ | 8 |
| 9 | BはCより弱い。 | BはAより弱い。 | 一番強いのは？ | 9 |
| 10 | CはBより弱い。 | AはCより強い。 | 一番弱いのは？ | 10 |
| 11 | AはCより太い。 | AはBより細い。 | 一番太いのは？ | 11 |
| 12 | AはCより近い。 | BはCより近い。 | 一番近いのは？ | 12 |
| 13 | BはAより遠い。 | CはAより近い。 | 一番遠いのは？ | 13 |
| 14 | CはBより良い。 | BはAより良い。 | 一番悪いのは？ | 14 |
| 15 | AはBより広い。 | BはCより狭い。 | 一番狭いのは？ | 15 |
| 16 | CはAより高い。 | BはAより低い。 | 一番高いのは？ | 16 |
| 17 | AはCより弱い。 | BはCより強い。 | 一番弱いのは？ | 17 |
| 18 | CはBより近い。 | AはBより近い。 | 一番近いのは？ | 18 |
| 19 | CはAより遅い。 | AはBより遅い。 | 一番速いのは？ | 19 |
| 20 | AはBより遅い。 | CはAより速い。 | 一番速いのは？ | 20 |
| 21 | AはBより弱い。 | CはAより強い。 | 一番強いのは？ | 21 |
| 22 | CはAより悪い。 | BはCより良い。 | 一番良いのは？ | 22 |
| 23 | BはAより短い。 | AはCより短い。 | 一番長いのは？ | 23 |
| 24 | AはBより速い。 | BはCより遅い。 | 一番速いのは？ | 24 |
| 25 | BはCより近い。 | CはAより遠い。 | 一番近いのは？ | 25 |
| 26 | AはBより重い。 | CはBより軽い。 | 一番重いのは？ | 26 |
| 27 | AはCより短い。 | BはCより長い。 | 一番短いのは？ | 27 |
| 28 | BはAより速い。 | CはBより速い。 | 一番速いのは？ | 28 |
| 29 | BはAより高い。 | CはAより低い。 | 一番高いのは？ | 29 |
| 30 | CはAより広い。 | AはBより狭い。 | 一番広いのは？ | 30 |

103

# 3 ロジカルテスト

**9回目** ➡ ステップ3　　　　　　　　　　　　　制限時間 3 分

解答欄

| | | | | |
|---|---|---|---|---|
| 1 | AはBより遠い。 | AはCより遠い。 | 一番近いのは？ | 1 |
| 2 | BはCより重い。 | AはBより重い。 | 一番軽いのは？ | 2 |
| 3 | CはBより低い。 | AはBより高い。 | 一番低いのは？ | 3 |
| 4 | CはAより良い。 | BはAより悪い。 | 一番悪いのは？ | 4 |
| 5 | CはAより太い。 | AはBより細い。 | 一番太いのは？ | 5 |
| 6 | AはBより短い。 | AはCより長い。 | 一番短いのは？ | 6 |
| 7 | AはCより遅い。 | BはAより速い。 | 一番速いのは？ | 7 |
| 8 | BはCより重い。 | BはAより軽い。 | 一番軽いのは？ | 8 |
| 9 | AはCより近い。 | AはBより遠い。 | 一番近いのは？ | 9 |
| 10 | CはAより弱い。 | CはBより弱い。 | 一番強いのは？ | 10 |
| 11 | BはCより重い。 | AはBより軽い。 | 一番重いのは？ | 11 |
| 12 | AはCより深い。 | CはBより深い。 | 一番深いのは？ | 12 |
| 13 | AはCより遅い。 | BはAより速い。 | 一番遅いのは？ | 13 |
| 14 | CはBより速い。 | AはBより速い。 | 一番速いのは？ | 14 |
| 15 | AはCより良い。 | BはCより悪い。 | 一番悪いのは？ | 15 |
| 16 | AはCより高い。 | BはCより高い。 | 一番高いのは？ | 16 |
| 17 | BはAより近い。 | CはAより遠い。 | 一番近いのは？ | 17 |
| 18 | CはBより弱い。 | CはAより弱い。 | 一番強いのは？ | 18 |
| 19 | CはAより高い。 | BはAより低い。 | 一番低いのは？ | 19 |
| 20 | BはAより長い。 | CはAより短い。 | 一番短いのは？ | 20 |
| 21 | BはCより短い。 | AはBより短い。 | 一番長いのは？ | 21 |
| 22 | AはBより高い。 | AはCより低い。 | 一番低いのは？ | 22 |
| 23 | BはAより浅い。 | BはCより浅い。 | 一番深いのは？ | 23 |
| 24 | AはCより速い。 | BはAより速い。 | 一番遅いのは？ | 24 |
| 25 | CはBより良い。 | AはBより悪い。 | 一番悪いのは？ | 25 |
| 26 | CはBより強い。 | CはAより弱い。 | 一番弱いのは？ | 26 |
| 27 | CはBより近い。 | BはAより近い。 | 一番近いのは？ | 27 |
| 28 | BはAより短い。 | BはCより長い。 | 一番短いのは？ | 28 |
| 29 | CはAより細い。 | CはBより細い。 | 一番太いのは？ | 29 |
| 30 | CはAより良い。 | AはBより良い。 | 一番悪いのは？ | 30 |

Part**3** | 10回分にチャレンジ レッツ! トレーニング

## 10回目 ➡ ステップ3

制限時間3分

解答欄

| | | | | |
|---|---|---|---|---|
| 1 | CはBより広い。 | AはCより広い。 | 一番狭いのは? | 1 |
| 2 | BはAより重い。 | CはAより軽い。 | 一番重いのは? | 2 |
| 3 | AはBより太い。 | AはCより細い。 | 一番太いのは? | 3 |
| 4 | AはBより深い。 | BはCより深い。 | 一番深いのは? | 4 |
| 5 | CはAより太い。 | BはAより細い。 | 一番太いのは? | 5 |
| 6 | AはCより深い。 | CはBより浅い。 | 一番浅いのは? | 6 |
| 7 | AはCより狭い。 | BはAより狭い。 | 一番狭いのは? | 7 |
| 8 | CはAより軽い。 | AはBより軽い。 | 一番重いのは? | 8 |
| 9 | AはCより太い。 | CはBより太い。 | 一番細いのは? | 9 |
| 10 | BはAより遅い。 | CはAより速い。 | 一番速いのは? | 10 |
| 11 | BはAより速い。 | AはCより遅い。 | 一番速いのは? | 11 |
| 12 | CはAより重い。 | BはAより軽い。 | 一番重いのは? | 12 |
| 13 | BはAより重い。 | BはCより重い。 | 一番軽いのは? | 13 |
| 14 | AはCより強い。 | CはBより弱い。 | 一番弱いのは? | 14 |
| 15 | CはBより重い。 | AはCより軽い。 | 一番軽いのは? | 15 |
| 16 | BはAより強い。 | AはCより弱い。 | 一番弱いのは? | 16 |
| 17 | AはBより長い。 | BはCより長い。 | 一番短いのは? | 17 |
| 18 | CはBより広い。 | CはAより狭い。 | 一番広いのは? | 18 |
| 19 | BはAより重い。 | BはCより軽い。 | 一番重いのは? | 19 |
| 20 | BはCより低い。 | AはBより高い。 | 一番低いのは? | 20 |
| 21 | BはAより悪い。 | BはCより悪い。 | 一番良いのは? | 21 |
| 22 | BはCより良い。 | CはAより良い。 | 一番良いのは? | 22 |
| 23 | AはCより速い。 | CはBより遅い。 | 一番遅いのは? | 23 |
| 24 | BはAより高い。 | AはCより低い。 | 一番高いのは? | 24 |
| 25 | BはAより広い。 | CはAより広い。 | 一番広いのは? | 25 |
| 26 | BはAより長い。 | BはCより短い。 | 一番長いのは? | 26 |
| 27 | AはBより短い。 | CはBより長い。 | 一番短いのは? | 27 |
| 28 | AはCより高い。 | AはBより低い。 | 一番高いのは? | 28 |
| 29 | AはCより遅い。 | AはBより遅い。 | 一番速いのは? | 29 |
| 30 | AはCより長い。 | BはCより短い。 | 一番長いのは? | 30 |

105

# 3 ロジカルテスト解答

| 1回目 | | 2回目 | | 3回目 | | 4回目 | | 5回目 | |
|:---:|:---:|:---:|:---:|:---:|:---:|:---:|:---:|:---:|:---:|
| No. | 正解 | No. | 正解 | No. | 正解 | No. | 正解 | No. | 正解 |
| 1 | A | 1 | B | 1 | B | 1 | A | 1 | B |
| 2 | A | 2 | A | 2 | A | 2 | C | 2 | C |
| 3 | A | 3 | C | 3 | C | 3 | C | 3 | A |
| 4 | B | 4 | B | 4 | B | 4 | A | 4 | A |
| 5 | A | 5 | A | 5 | A | 5 | C | 5 | B |
| 6 | A | 6 | B | 6 | A | 6 | A | 6 | B |
| 7 | C | 7 | C | 7 | B | 7 | C | 7 | B |
| 8 | A | 8 | A | 8 | C | 8 | B | 8 | C |
| 9 | B | 9 | B | 9 | A | 9 | B | 9 | C |
| 10 | B | 10 | C | 10 | A | 10 | C | 10 | A |
| 11 | C | 11 | B | 11 | A | 11 | B | 11 | C |
| 12 | C | 12 | A | 12 | B | 12 | A | 12 | B |
| 13 | B | 13 | A | 13 | B | 13 | A | 13 | B |
| 14 | A | 14 | A | 14 | C | 14 | A | 14 | C |
| 15 | C | 15 | C | 15 | B | 15 | C | 15 | A |
| 16 | C | 16 | C | 16 | A | 16 | C | 16 | A |
| 17 | C | 17 | B | 17 | A | 17 | B | 17 | A |
| 18 | A | 18 | A | 18 | B | 18 | A | 18 | C |
| 19 | C | 19 | B | 19 | A | 19 | B | 19 | C |
| 20 | A | 20 | A | 20 | A | 20 | A | 20 | B |
| 21 | B | 21 | C | 21 | A | 21 | A | 21 | A |
| 22 | A | 22 | B | 22 | C | 22 | B | 22 | C |
| 23 | A | 23 | B | 23 | A | 23 | A | 23 | A |
| 24 | B | 24 | A | 24 | B | 24 | A | 24 | C |
| 25 | A | 25 | B | 25 | B | 25 | A | 25 | C |
| 26 | B | 26 | B | 26 | B | 26 | C | 26 | C |
| 27 | C | 27 | B | 27 | B | 27 | C | 27 | B |
| 28 | C | 28 | B | 28 | A | 28 | B | 28 | B |
| 29 | A | 29 | A | 29 | B | 29 | B | 29 | B |
| 30 | B | 30 | A | 30 | B | 30 | B | 30 | B |

Part**3** | 10回分にチャレンジ レッツ! トレーニング

| 6回目 | | 7回目 | | 8回目 | | 9回目 | | 10回目 | |
|:---:|:---:|:---:|:---:|:---:|:---:|:---:|:---:|:---:|:---:|
| No. | 正解 | No. | 正解 | No. | 正解 | No. | 正解 | No. | 正解 |
| 1 | B | 1 | B | 1 | B | 1 | × | 1 | B |
| 2 | B | 2 | A | 2 | B | 2 | C | 2 | B |
| 3 | C | 3 | A | 3 | × | 3 | C | 3 | C |
| 4 | B | 4 | C | 4 | A | 4 | B | 4 | A |
| 5 | C | 5 | A | 5 | × | 5 | × | 5 | C |
| 6 | B | 6 | B | 6 | × | 6 | C | 6 | C |
| 7 | B | 7 | A | 7 | C | 7 | × | 7 | B |
| 8 | B | 8 | C | 8 | C | 8 | C | 8 | B |
| 9 | B | 9 | C | 9 | × | 9 | B | 9 | B |
| 10 | B | 10 | C | 10 | C | 10 | × | 10 | C |
| 11 | B | 11 | A | 11 | B | 11 | B | 11 | × |
| 12 | A | 12 | B | 12 | × | 12 | A | 12 | C |
| 13 | B | 13 | B | 13 | B | 13 | A | 13 | × |
| 14 | B | 14 | A | 14 | A | 14 | × | 14 | C |
| 15 | B | 15 | A | 15 | B | 15 | B | 15 | × |
| 16 | C | 16 | A | 16 | C | 16 | × | 16 | A |
| 17 | B | 17 | C | 17 | A | 17 | B | 17 | C |
| 18 | A | 18 | B | 18 | × | 18 | × | 18 | A |
| 19 | B | 19 | B | 19 | B | 19 | B | 19 | C |
| 20 | A | 20 | C | 20 | × | 20 | C | 20 | B |
| 21 | A | 21 | A | 21 | × | 21 | C | 21 | × |
| 22 | C | 22 | B | 22 | × | 22 | B | 22 | B |
| 23 | B | 23 | B | 23 | C | 23 | × | 23 | C |
| 24 | A | 24 | C | 24 | × | 24 | C | 24 | × |
| 25 | C | 25 | B | 25 | × | 25 | A | 25 | × |
| 26 | A | 26 | A | 26 | A | 26 | B | 26 | C |
| 27 | C | 27 | B | 27 | A | 27 | C | 27 | A |
| 28 | A | 28 | C | 28 | C | 28 | C | 28 | B |
| 29 | B | 29 | A | 29 | B | 29 | × | 29 | × |
| 30 | C | 30 | B | 30 | × | 30 | B | 30 | A |

## 4 言葉（単語）をイメージする イメージ記憶

⚠️ トレーニング方法はP50〜P55にあります。

**1回目** ➡ 〔問題〕　　制限時間 2 分

正方形　仏像
みそ　アドバイス
みつばち　学者
信号　テスト
動物園　ふた
掃除　果物
サイン　ひざ
トンネル　まくら
サッカー　コスモス
アルバム　消しゴム
釣り竿　スケッチ
すき焼き　電線
花見　水辺
部下　日本海
空席　着信音
レンガ　ポスター
運河　妖怪
しょうゆ　タオル
運動会　ライオン
豆腐　段々畑

ランプ　鏡
リボン　友達
スーツ　ブランコ
文字　勉強
スカート　雷
笑顔　ピッチャー
観覧車　地下鉄
カーディガン　指輪
ふたご　読書
バーコード　公園
人魚　腕立て伏せ
ねんざ　えんとつ
正座　燃料
落語　家具
スパゲッティ　ストーブ
鳥居　石油
時刻表　背中
花束　荷物
カヌー　くしゃみ
てんぷら　あいさつ

Part**3**｜10回分にチャレンジ レッツ! トレーニング

## 1回目 ➡〔記入用紙〕その1　　制限時間 2分30秒

正方形（　）
みつばち（　）
みそ（　）
信号（　）
動物園（　）
掃除（　）
サイン（　）
トンネル（　）
サッカー（　）
アルバム（　）
釣り竿（　）
すき焼き（　）
花見（　）
部下（　）
空席（　）
レンガ（　）
運河（　）
しょうゆ（　）
運動会（　）
豆腐（　）

ランプ（　）
リボン（　）
スーツ（　）
文字（　）
スカート（　）
笑顔（　）
観覧車（　）
カーディガン（　）
ふたご（　）
バーコード（　）
人魚（　）
ねんざ（　）
正座（　）
落語（　）
スパゲッティ（　）
鳥居（　）
てんぷら（　）
時刻表（　）
花束（　）
カヌー（　）

# 4 イメージ記憶

**1回目** ➡ 〔記入用紙〕その2　　制限時間 2 分 30 秒

正方形
みそ
みつばち
信号
動物園
掃除
サイン
トンネル
サッカー
アルバム
釣り竿
すき焼き
花見
部下
空席
レンガ
運河
しょうゆ
運動会
豆腐

ランプ
リボン
スーツ
文字
スカート
笑顔
観覧車
カーディガン
ふたご
バーコード
人魚
ねんざ
正座
落語
スパゲッティ
鳥居
てんぷら
時刻表
花束
カヌー

Part3 | 10回分にチャレンジ レッツ! トレーニング

## 2回目 ➡〔問題〕　　　制限時間 2分

鉄棒　鈴虫
ペン　てるてる坊主
コンピュータ　ひまわり
サル　とび箱
わさび　鬼
チラシ　吹雪
自動ドア　バケツ
演劇　富士山
腕時計　ユニフォーム
裁判所　やかん
空港　ボタン
景色　つまようじ
若者　門松
チーズ　ジャンプ
あくび　グラフ
屋上　うちわ
歌手　遊園地
ステレオ　たんぽぽ
ガムテープ　ぬいぐるみ
こんにゃく　コンロ

---

モーター　トンボ
銀河　コーヒー
文章　ベランダ
電卓　ニュース
トーナメント　知識
乾電池　タイヤ
童謡　図書館
マンション　地図
イカ　冒険
片付け　水泳
おばけ　植木
シャンプー　帽子
七夕　かき氷
野菜　マフラー
耳　ポテト
さそり　にんにく
畳　サイクリング
来年　Tシャツ
台風　釣り
うさぎ　花屋

# ④ イメージ記憶

**2回目** ➡〔記入用紙〕その1　　　　制 限 時 間 2 分 30 秒

鉄棒　ペン　コンピュータ　サル　わさび　チラシ　自動ドア　演劇　腕時計　裁判所　空港　景色　若者　チーズ　あくび　屋上　歌手　ステレオ　ガムテープ　こんにゃく

モーター　銀河　文章　電卓　トーナメント　乾電池　童謡　マンション　イカ　おばけ　片付け　シャンプー　七夕　野菜　耳　さそり　畳　来年　台風　うさぎ

Part**3** | 10回分にチャレンジ レッツ! トレーニング

**2回目** ➡ 〔記入用紙〕その2　　　制限時間 2分30秒

鉄棒（　）ペン（　）コンピュータ（　）サル（　）わさび（　）チラシ（　）自動ドア（　）演劇（　）腕時計（　）裁判所（　）空港（　）景色（　）若者（　）チーズ（　）あくび（　）屋上（　）歌手（　）ステレオ（　）ガムテープ（　）こんにゃく（　）

モーター（　）銀河（　）文章（　）電卓（　）乾電池（　）童謡（　）トーナメント（　）マンション（　）イカ（　）片付け（　）おばけ（　）シャンプー（　）七夕（　）野菜（　）耳（　）さそり（　）畳（　）来年（　）台風（　）うさぎ（　）

113

# ４ イメージ記憶

**3回目** ➡〔問題〕　　　　　　　　　制限時間 2 分

| | | | | | | | | | | | | | | | | | | | |
|---|---|---|---|---|---|---|---|---|---|---|---|---|---|---|---|---|---|---|---|
| 夏休み | レーザー | カニ | ナイフ | いけばな | ワシ | 忍者 | 言葉 | 砂糖 | 手紙 | りんご | ようかん | ベッド | やきもち | 長そで | もやし | 頭 | バナナ | 植物 | 大雪 |
| 天使 | 煙 | 正月 | ピーナッツ | 磁石 | 宅急便 | パンフレット | 海岸 | ヒーター | 歴史 | 飛行機 | ふすま | 宝石 | 俳句 | 兵士 | 長女 | ピストル | 選挙 | ぬり絵 | 回転 |

| | | | | | | | | | | | | | | | | | | | |
|---|---|---|---|---|---|---|---|---|---|---|---|---|---|---|---|---|---|---|---|
| ビル | 海賊 | クリップ | 計算機 | スクール | プリン | パズル | トイレ | カード | 大学 | 時間 | 接着剤 | 舌 | ランナー | ファックス | マンガ | ドア | レシート | カラオケ | 卵 |
| 神社 | 警官 | そろばん | ボールペン | 列島 | キャンディ | 柔道 | 梅 | 金魚 | 火事 | レストラン | 土器 | 皮 | 教科書 | 美術館 | クーラー | 活字 | カタツムリ | バスケット | カエル |

114

Part3 | 10回分にチャレンジ レッツ! トレーニング

## 3回目 → 〔記入用紙〕その1　　制限時間 2分30秒

大雪　植物　バナナ　頭　もやし　長そで　やきもち　ベッド　ようかん　りんご　手紙　砂糖　言葉　忍者　ワシ　いけばな　ナイフ　カニ　レーザー　夏休み

卵　カラオケ　レシート　ドア　マンガ　ファックス　ランナー　舌　接着剤　時間　大学　カード　トイレ　パズル　プリン　スクール　計算機　クリップ　海賊　ビル

# 4 イメージ記憶

**3回目** ➡〔記入用紙〕その2　　　制限時間 2 分 30 秒

大雪
植物
バナナ
頭
もやし
長そで
やきもち
ベッド
ようかん
りんご
手紙
砂糖
言葉
忍者
ワシ
いけばな
ナイフ
カニ
レーザー
夏休み

---

卵
カラオケ
レシート
ドア
マンガ
ファックス
ランナー
舌
接着剤
時間
大学
カード
トイレ
パズル
プリン
スクール
計算機
クリップ
海賊
ビル

Part3 | 10回分にチャレンジ レッツ! トレーニング

## 4回目 ➡〔問題〕　　　制限時間2分

コピー　ジェット機
年賀状　かぶと虫
ひも　大陸
ルビー　メロディ
会議　盗賊
火山　ハンドル
毛虫　金貨
チューリップ　ろうそく
山小屋　パレード
目薬　ルーレット
ダイナマイト　砂浜
池　伝記
ティッシュ　ストレッチ
キャンプ　水道
地下室　注射
夜明け　ギター
おにぎり　貯金
請求書　ダム
ラムネ　ペンギン
針金　情報

焼肉　マウス
算数　北極
マンモス　カスタネット
駐車場　行列
あんぱん　スプーン
川　ウーロン茶
呼吸　マンホール
城　ごみ箱
トレーニング　坂道
ゲスト　グラビア
店長　真珠
入院　カップル
ぶどう　食事
わたあめ　散歩
らくだ　買い物
ピアノ　建物
ルール　なまず
ケーキ　日本酒
そば　礼儀
全身　ワニ

117

# 4 イメージ記憶

**4回目** ➡〔記入用紙〕その1　　制限時間 2分30秒

コピー
年賀状
ひも
ルビー
会議
火山
毛虫
チューリップ
山小屋
ダイナマイト
目薬
池
ティッシュ
キャンプ
地下室
夜明け
おにぎり
請求書
ラムネ
針金

焼肉
算数
マンモス
駐車場
あんぱん
川
呼吸
城
トレーニング
ゲスト
店長
入院
ぶどう
わたあめ
らくだ
ピアノ
ルール
ケーキ
そば
全身

Part**3** │ 10回分にチャレンジ レッツ! トレーニング

## 4回目 ➡〔記入用紙〕その2　　制限時間 2 分 30 秒

コピー　年賀状　ひも　ルビー　会議　火山　毛虫　チューリップ　山小屋　目薬　ダイナマイト　池　ティッシュ　キャンプ　地下室　夜明け　おにぎり　請求書　ラムネ　針金

焼肉　算数　マンモス　駐車場　あんぱん　川　呼吸　城　トレーニング　ゲスト　店長　入院　ぶどう　わたあめ　らくだ　ピアノ　ルール　ケーキ　そば　全身

119

# 4 イメージ記憶

**5回目** ➡〔問題〕　　　　　　　　　制限時間2分

| ロッカー | カメラ |
| 花びん | とうがらし |
| 手すり | 虹 |
| サーフィン | タクシー |
| 氷河 | 家 |
| おなか | イルカ |
| 水たまり | 校長 |
| 遠足 | ホットドッグ |
| 教会 | 田んぼ |
| 和歌 | 台所 |
| じゃんけん | 音楽 |
| ロープウェイ | 天気予報 |
| 割り箸 | 住所 |
| フェンス | アクセサリー |
| 手 | 文庫 |
| イギリス | 朝日 |
| エレベータ | ヘルメット |
| 海 | かご |
| 休日 | スタンプ |
| アスファルト | ゴム |

| 美人 | 給料 |
| 切手 | どんぐり |
| 天才 | ムササビ |
| ハンサム | くすり |
| 医者 | 十字路 |
| メモ帳 | グローブ |
| ビーカー | にわとり |
| 吊り橋 | こいのぼり |
| お茶 | 星 |
| トランプ | 弟 |
| 寝顔 | バイオリン |
| アパート | 法律 |
| ネクタイ | 水着 |
| 職人 | 体育館 |
| 役所 | 大人 |
| ロケット | 化粧 |
| 並木道 | 大理石 |
| 着物 | ベルト |
| 辞典 | 都会 |
| 歩道橋 | 霧 |

Part**3**｜10回分にチャレンジ レッツ! トレーニング

## 5回目 ➡〔記入用紙〕その1　　制限時間2分30秒

ロッカー（　　）
花びん（　　）
手すり（　　）
サーフィン（　　）
氷河（　　）
おなか（　　）
水たまり（　　）
遠足（　　）
教会（　　）
和歌（　　）
じゃんけん（　　）
ロープウェイ（　　）
割り箸（　　）
フェンス（　　）
手（　　）
イギリス（　　）
エレベータ（　　）
海（　　）
休日（　　）
アスファルト（　　）

美人（　　）
切手（　　）
天才（　　）
ハンサム（　　）
医者（　　）
メモ帳（　　）
ビーカー（　　）
吊り橋（　　）
お茶（　　）
トランプ（　　）
寝顔（　　）
アパート（　　）
ネクタイ（　　）
職人（　　）
役所（　　）
ロケット（　　）
並木道（　　）
着物（　　）
辞典（　　）
歩道橋（　　）

# 4 イメージ記憶

**5回目** → 〔記入用紙〕その2　　制限時間 2分30秒

ロッカー（　　）
花びん（　　）
手すり（　　）
サーフィン（　　）
氷河（　　）
おなか（　　）
水たまり（　　）
遠足（　　）
教会（　　）
和歌（　　）
じゃんけん（　　）
ロープウェイ（　　）
割り箸（　　）
フェンス（　　）
手（　　）
イギリス（　　）
エレベータ（　　）
海（　　）
休日（　　）
アスファルト（　　）

美人（　　）
切手（　　）
天才（　　）
ハンサム（　　）
医者（　　）
メモ帳（　　）
ビーカー（　　）
吊り橋（　　）
お茶（　　）
トランプ（　　）
寝顔（　　）
アパート（　　）
ネクタイ（　　）
職人（　　）
役所（　　）
ロケット（　　）
並木道（　　）
着物（　　）
辞典（　　）
歩道橋（　　）

Part**3** | 10回分にチャレンジ レッツ! トレーニング

## 6回目 → 〔問題〕　　制限時間 2分

|  |  |
|---|---|
| 説明 | 時計 |
| 鍾乳洞 | 風呂 |
| ホームラン | マスク |
| 馬車 | 透明 |
| お祭り | ダンス |
| 井戸 | 赤信号 |
| メニュー | 封筒 |
| 小指 | 盆踊り |
| 恋愛 | ボーナス |
| 骨折 | 手術 |
| 紅茶 | バドミントン |
| 連続 | 花火 |
| 紅葉 | 引越し |
| 行進 | ケガ |
| リズム | 恋人 |
| 蚊 | 爪きり |
| ヨーロッパ | 雑誌 |
| コップ | 廊下 |
| 毛糸 | ハト |
| アフリカ | 花粉症 |

|  |  |
|---|---|
| アイス | コンセント |
| タレント | 遊覧船 |
| スープ | 涙 |
| 老人 | 美容院 |
| 妖精 | マグカップ |
| バス停 | 絵本 |
| ハム | 香水 |
| チケット | のこぎり |
| 缶詰 | たい焼き |
| ヒロイン | ウィルス |
| シャワー | たんす |
| 両親 | 栄養 |
| スニーカー | 作文 |
| 港 | 消防署 |
| 朗読 | ホチキス |
| 猫 | エプロン |
| 喫茶店 | 牢屋 |
| 労働 | プレゼント |
| チョコレート | 座席 |
| ノート | 録音 |

# 4 イメージ記憶

**6回目** → 〔記入用紙〕その1    制限時間 2 分 30 秒

| 説明 | 鍾乳洞 | ホームラン | 馬車 | お祭り | 井戸 | メニュー | 小指 | 恋愛 | 骨折 | 紅茶 | 連続 | 紅葉 | 行進 | リズム | 蚊 | ヨーロッパ | コップ | 毛糸 | アフリカ |
|---|---|---|---|---|---|---|---|---|---|---|---|---|---|---|---|---|---|---|---|

| アイス | タレント | スープ | 老人 | 妖精 | バス停 | ハム | チケット | 缶詰 | ヒロイン | シャワー | 両親 | スニーカー | 港 | 朗読 | 猫 | 喫茶店 | 労働 | チョコレート | ノート |
|---|---|---|---|---|---|---|---|---|---|---|---|---|---|---|---|---|---|---|---|

Part**3** | 10回分にチャレンジ レッツ! トレーニング

## 6回目 ➡ 〔記入用紙〕その2　　制限時間 2分30秒

| 説明 | 鍾乳洞 | ホームラン | 馬車 | お祭り | 井戸 | メニュー | 小指 | 恋愛 | 骨折 | 紅茶 | 連続 | 紅葉 | 行進 | リズム | 蚊 | ヨーロッパ | コップ | 毛糸 | アフリカ |

| アイス | タレント | スープ | 老人 | 妖精 | バス停 | ハム | チケット | 缶詰 | ヒロイン | シャワー | 両親 | スニーカー | 港 | 朗読 | 猫 | 喫茶店 | 労働 | チョコレート | ノート |

# ④ イメージ記憶

**7回目** → 〔問題〕　　　　制限時間2分

宮殿 — 水がめ
習字 — 本屋
バトン — サンダル
インク — ドーナツ
たこ — 筆
島 — ネズミ
レコード — 農村
砦 — 刺身
駅伝 — 寺院
ばんそうこう — 武器
小麦粉 — 青年
草原 — 門番
ピクニック — 湯気
フランス料理 — ハンバーガー
酸素 — 松
玄関 — 馬
じゅうたん — 肩
新聞 — たすき
宇宙 — 森
耳かき — 湧き水

---

舞台 — 虫歯
矢印 — 昼間
深海魚 — 空き地
ラッコ — ロバ
ヘッドホン — 先生
招き猫 — 石
マムシ — 絵の具
娘 — 砂漠
バラ — ヨーグルト
サメ — クリーニング
探偵 — お手玉
自転車 — スケート
そうめん — 雨
肉まん — レンズ
ヘリコプター — 洞窟
ちょんまげ — 鉄
人形 — 太陽
海水浴 — 糸
ミルク — 白熊
笹 — 金庫

Part**3** | 10回分にチャレンジ レッツ! トレーニング

**7回目** ➡ 〔記入用紙〕その1　制限時間 2分30秒

宮殿

習字

バトン

インク

たこ

島

レコード

駅伝

砦

ばんそうこう

小麦粉

草原

ピクニック

フランス料理

酸素

玄関

じゅうたん

新聞

宇宙

耳かき

---

舞台

矢印

深海魚

ラッコ

ヘッドホン

招き猫

マムシ

娘

バラ

サメ

探偵

自転車

そうめん

肉まん

ヘリコプター

ちょんまげ

人形

海水浴

ミルク

笹

127

# 4 イメージ記憶

**7回目** → 〔記入用紙〕その2　　制限時間 2分30秒

宮殿

習字

バトン

インク

たこ

島

レコード

駅伝

砦

ばんそうこう

小麦粉

草原

ピクニック

フランス料理

酸素

玄関

じゅうたん

新聞

宇宙

耳かき

---

舞台

矢印

深海魚

ラッコ

ヘッドホン

招き猫

マムシ

娘

バラ

サメ

探偵

自転車

そうめん

肉まん

ヘリコプター

ちょんまげ

人形

海水浴

ミルク

笹

Part**3**｜10回分にチャレンジ レッツ! トレーニング

## 8回目 → 〔問題〕　制限時間 2分

親指　漁師

日本列島　ひげ

庭園　トラック

鍋　風車

いかだ　うぐいす

リーダー　村

バス　フォーク

心臓　流れ星

審判　記事

屋根　湖

たぬき　会話

すいか　ゆりかご

登山　ホタル

詩集　団地

ショップ　恐竜

窓　地球

満月　レポート

カナダ　毛布

育児　しゃもじ

ケンカ　八百屋

---

助手　シャツ

ロボット　冬眠

魔法　ドライアイス

緑　化石

お皿　洗剤

土地　ドレス

戦争　物語

顔　男性

温泉　ボール

オフィス　日光

宝物　くらげ

生活　夜

乗客　バット

入れ歯　天井

ラーメン　お金

工場　足跡

将棋　砂時計

結婚　高速道路

頭痛　体操

コーチ　幽霊

129

# 4 イメージ記憶

**8回目** ➡〔記入用紙〕その1　　　　制限時間 2 分 30 秒

親指
日本列島
庭園
鍋
いかだ
リーダー
バス
心臓
審判
屋根
たぬき
すいか
登山
詩集
ショップ
窓
満月
カナダ
育児
ケンカ

助手
ロボット
魔法
緑
お皿
土地
戦争
顔
温泉
オフィス
宝物
生活
乗客
入れ歯
ラーメン
工場
将棋
結婚
頭痛
コーチ

## 8回目 ➡〔記入用紙〕その2　　制限時間 2分30秒

親指　日本列島　庭園　鍋　いかだ　リーダー　バス　心臓　審判　屋根　たぬき　すいか　登山　詩集　ショップ　窓　満月　カナダ　育児　ケンカ

助手　ロボット　魔法　緑　お皿　土地　戦争　顔　温泉　オフィス　宝物　生活　乗客　入れ歯　ラーメン　工場　将棋　結婚　頭痛　コーチ

# 4 イメージ記憶

**9回目** → 〔問題〕　　　制限時間 2 分

ヒノキ　アルプス
星座　レール
洗濯　超能力
菊　短歌
セイウチ　アンケート
妹　映画
電子レンジ　みかん
お殿様　プリント
道具　冷蔵庫
アーモンド　充電器
コウモリ　歯車
レタス　アルファベット
ビニール袋　同窓会
朝　犬
ポップコーン　石垣
問題　レモンティー
部屋　卵焼き
かみそり　美術
龍　悪党
歌舞伎　葬式

近所　狼
議論　靴
噴水　機械
翼　イラスト
王様　ジーンズ
通学路　スイッチ
弓道　さくらんぼ
うず潮　セーター
発明　ジャングル
スピーカー　線路
アニメ　暖房
お土産　油絵
銀行　ホテル
猛獣　沼
霜柱　料理
ペンキ　図鑑
アサガオ　クワガタ
汽笛　桃
財産　郵便局
いのしし　ネックレス

Part**3**│10回分にチャレンジ レッツ! トレーニング

## 9回目 ➡〔記入用紙〕その1　　制限時間 2 分 30 秒

歌舞伎（　）
龍（　）
かみそり（　）
部屋（　）
問題（　）
ポップコーン（　）
朝（　）
ビニール袋（　）
レタス（　）
コウモリ（　）
アーモンド（　）
道具（　）
お殿様（　）
電子レンジ（　）
妹（　）
セイウチ（　）
菊（　）
洗濯（　）
星座（　）
ヒノキ（　）

いのしし（　）
財産（　）
汽笛（　）
アサガオ（　）
ペンキ（　）
霜柱（　）
猛獣（　）
銀行（　）
お土産（　）
アニメ（　）
スピーカー（　）
発明（　）
うず潮（　）
弓道（　）
通学路（　）
王様（　）
翼（　）
噴水（　）
議論（　）
近所（　）

133

# 4 イメージ記憶

**9回目** → 〔記入用紙〕その2  制限時間 2分30秒

| ヒノキ | 星座 | 洗濯 | 菊 | セイウチ | 妹 | 電子レンジ | お殿様 | 道具 | アーモンド | コウモリ | レタス | ビニール袋 | 朝 | ポップコーン | 問題 | 部屋 | かみそり | 龍 | 歌舞伎 |
|---|---|---|---|---|---|---|---|---|---|---|---|---|---|---|---|---|---|---|---|

| 近所 | 議論 | 噴水 | 翼 | 王様 | 通学路 | 弓道 | うず潮 | 発明 | スピーカー | アニメ | お土産 | 銀行 | 猛獣 | 霜柱 | ペンキ | アサガオ | 汽笛 | 財産 | いのしし |
|---|---|---|---|---|---|---|---|---|---|---|---|---|---|---|---|---|---|---|---|

Part3 | 10回分にチャレンジ レッツ! トレーニング

## 10回目 →〔問題〕　　制限時間 2分

小熊　町
堤防　納豆
長髪　お好み焼き
眼鏡　貝
山道　てんとう虫
九州　ベンチ
塔　犯人
地獄　パーティー
鳥　メロンパン
剣道　元気
バタフライ　ジャケット
メダル　河原
足　詩人
地球儀　汗
どんぶり　野球
日記　地震
小学校　ポスト
ピアス　アーケード
空　車
シャボン玉　野原

---

シベリア　畑
葉っぱ　炊飯器
カンガルー　モアイ像
弓矢　頂上
ひざ　ライター
雪　掃除機
赤ちゃん　弁護士
海草　学校
カレンダー　かぼちゃ
踊り　冬
手袋　ビール
迷子　橋
フグ　イチョウ
聴診器　ラジオ
病気　ベル
クリスマス　ヨット
空想　酒
一輪車　ポケット
水晶　鉛筆
くじゃく　船長

135

# 4 イメージ記憶

**10回目** ➡ 〔記入用紙〕その1　　　制限時間 2分30秒

小熊

堤防

長髪

眼鏡

山道

九州

塔

地獄

鳥

剣道

バタフライ

メダル

足

地球儀

どんぶり

日記

小学校

ピアス

空

シャボン玉

---

シベリア

葉っぱ

カンガルー

弓矢

ひざ

雪

赤ちゃん

海草

カレンダー

踊り

手袋

迷子

フグ

聴診器

病気

クリスマス

空想

一輪車

水晶

くじゃく

Part3 | 10回分にチャレンジ レッツ! トレーニング

## 10回目 ➡〔記入用紙〕その2 　　制限時間 2 分 30 秒

小熊

堤防

長髪

眼鏡

山道

九州

塔

地獄

鳥

剣道

バタフライ

メダル

足

地球儀

どんぶり

日記

小学校

ピアス

空

シャボン玉

---

シベリア

葉っぱ

カンガルー

弓矢

ひざ

雪

赤ちゃん

海草

カレンダー

踊り

手袋

迷子

フグ

聴診器

病気

クリスマス

空想

一輪車

水晶

くじゃく

137

## 5 書いた人の主張を追いかける
# イメージ読み

⚠ トレーニング方法はP56~P61にあります。

**1回目** ➡ 読み

制限時間 2 分

## 坐禅をすると軽やかな心持ちになります──調身・調息・調心

**1** 座っても立っても、背筋がすっと伸び、歩く姿も美しい人がいます。実際の年齢よりもずっと若く感じられる方です。調った美しい姿勢を保つことを意識し、努力されてきたのでしょう。

**2** 坐禅を続けると、背筋が伸び、坐る姿勢が良くなります。そうすると、立っているときや、歩くときの姿勢も自然に良くなります。

**3** 坐禅の心構えとしてあげられるのが、「調身・調息・調心」という教えです。

**4** 調身

正しい姿勢をとり、身体を調えることです。足の組み方、腰のおろし方、背筋の伸ばし方、手の組み方、目の開き、口の結びなどに注意をはらい、正しい姿勢で坐る基本です。静謐な時間の中で、身体感覚を研ぎ澄まし、調えます。

**5** 調息

正しい呼吸法をとり、息を調えることです。

**6** 調心

身体や息（呼吸）に注意を集中し、心（精神）を調えることです。調身、調息の法を正しく行なっていると、自然に雑念が払われます。

**7** 調身、調息に気を配り、坐禅に親しんでいると、次第に心の静寂が体感できます。さらに続けていると、とらわれのない軽やかな心持ちになってきます。

**8** すると脳が活性化し、柔軟な心に生まれ変わるのですね。ものごとを新鮮な感覚でとらえ、日々新しい心で過ごすことができるようになります。

**9** 心が新しくなると世界が広がり、自分を取り巻く環境もどんどん発展、進化していくでしょう。

138

Part**3** | 10回分にチャレンジ レッツ! トレーニング

## 1回目 ➡ 書き

制限時間5分

**問題** 冒頭に書かれた言葉をヒントに、各段落をまとめてみましょう。(　)内の数は、その段落を構成している文章の数です。

**回答欄** 座禅をすると軽やかな心持ちになります——調身・調息・調心

**1** (3文) 座っても立っても、

**2** (2文) 座禅を続けると、

**3** (1文) 座禅の心構えとして

**4** (3文) 調身

**5** (1文) 調息

**6** (2文) 調心

**7** (2文) 調身、調息に

**8** (2文) すると脳が

**9** (1文) 心が新しくなると

**139**

# **5** イメージ読み

**2回目** ➡ 読み

制限時間 2 分

## 姿勢よく、適度に歩くのは最高の健康法

**1** 　歩き出す前にまず、立った状態が猫背にならないように、常にチェックします。背筋をあまり意識しすぎると、逆に反り返ったりして不自然になります。頭が背骨の真上に乗っているようなイメージで、軽く胸を張ります。

**2** 　その姿勢のままで、いよいよ歩き出します。腕の振りを大きめにしながら、少し遠くを見ながら一歩ずつ踏み出します。腕は後ろのほうに大きく振ると、バランスが良くなります。

**3** 　しばらく歩いたら、姿勢をチェックしましょう。その都度調整しながら、歩き続けます。あまり神経質になって、立ち止まる必要はありません。モデルのようなパフォーマンスとしての歩きではないのですから。あくまでも自然な歩行を心がけます。

**4** 　さて、適度に歩くことは、最高の健康法です。一日に数千歩しか歩かないと、徐々に足腰が弱って年齢より早く衰えがきます。

**5** 　そして「歩くこと」と、「心」は連動しているはずです。ものごとをあきらめやすい人や、頑張りのきかない人、ちょっとしたことでクヨクヨしがちな人は思い切って歩いてみてください。

**6** 　歩くことは、気分転換になります。普段は気がつかない風景に、ホッとする瞬間がきっとあるでしょう。思わぬ発見や新しい発想が浮かぶこともあります。

**7** 　少し慣れたら、早足で颯爽と歩いてみます。すると、だんだんと気持ちが強くなり、小さなことに悩んでいる自分が馬鹿馬鹿しくなります。困難にも正面から立ち向かうことのできる気力がきっと湧いてきます。

Part**3** | 10回分にチャレンジ レッツ! トレーニング

## 2回目 ➡ 書き

制限時間5分

**問題** 冒頭に書かれた言葉をヒントに、各段落をまとめてみましょう。( ) 内の数は、その段落を構成している文章の数です。

**回答欄** 姿勢よく、適度に歩くのは最高の健康法

**1** (3文) 歩き出す前に

**2** (3文) その姿勢のままで、

**3** (5文) しばらく歩いたら、

**4** (2文) さて、適度に歩くことは、

**5** (2文) そして「歩くこと」と、

**6** (3文) 歩くことは、

**7** (3文) 少し慣れたら、

141

# 5 イメージ読み

**3回目** ➡ 読み　　　　　　　　　　　　制限時間 2分

## 「はい」という返事は言いわけのできない言葉

**1** 　禅の修行道場では、朝から晩まで大きな声が聞こえてきます。特に、大勢の僧侶の卵が入門する春と秋の季節は、「はい」「はい」という声が外にまで響きます。この時期に、福井の永平寺や、曹洞宗のもうひとつの御本山、鶴見の総持寺にお参りした方は、きっとその声に驚かれることでしょう。

**2** 　僧堂（修行道場をこう呼びます）の世界は、それまでの日常とは異なる厳しさが待っています。わずか一日でも早く修行に入った人は、年齢に関係なく先輩になります。古参と呼ばれる先輩和尚は、新到（新たに到着したという意）和尚を、徹底的に鍛えます。

**3** 　その第一が、腹からの大きな声を出すことです。何か命じられたら「はい」、「わかったか」と問われたら「はい」（わからないときは「いいえ」のひと言）。連絡の電話が鳴ったら「はい」といって、真っ先にとります（私などは、「声が小さい」と一日に何度も言われ、たびたびやり直しをさせられました）。

**4** 　まず声を出し切ること、そして「はい」と無心に答えることを教えられるのです。

**5** 　それまでの人生の中で、培ってきた経験はここでは何も役に立ちません。過去の人生のしがらみや体験を、一度裁断することを求められるのです。それまでの自己に対する想い、過去への執着という自我意識を、いったん捨て去らねばなりません。

**6** 　その象徴として、言いわけのできない言葉、「はい」（「いいえ」）があるのです。思い切り大きな声を出すのは、すべてを断ち切るためです。そして、なにものにもめげることのない強い心を得るために、自らを叱咤激励するためです。

**7** 　「はい」という返事は、相手に対するだけではなく、もう一人の自己に対してそうするのです。

**8** 　声を出すことは、自己表現であり、一方では自己確認でもあります。他人の声を聞くことは、耳を傾けることであり、相手を認めることでありましょう。

**9** 　その営みの中で、自分の心を成長させ、他人への思いやりを磨くことができるのです。

142

Part**3** | 10回分にチャレンジ レッツ! トレーニング

**3回目** ➡ 書き

制限時間5分

**問題** 冒頭に書かれた言葉をヒントに、各段落をまとめてみましょう。（　）内の数は、その段落を構成している文章の数です。

**回答欄** 「はい」という返事は言いわけのできない言葉

**1**（3文）禅の修行道場では、

**2**（3文）僧堂（修行道場をこう呼びます）の世界は、

**3**（3文）その第一が、

**4**（1文）まず声を

**5**（3文）それまでの人生の中で、

**6**（3文）その象徴として、

**7**（1文）「はい」という

**8**（2文）声を出すことは、

**9**（1文）その営みの中で、

143

# **5 イメージ読み**

**4回目** ➡ **読み**　　　　　　　　　制限時間２分

## 温かい心で人の話を聴けば信頼されます

**1** 　法話の勉強を始めたころ、何度も言われたのは、「人の話を良く聴きなさい」という言葉です。昔から「話し上手は、聴き上手」と言われてきました。

**2** 　ところで、「聞く」と「聴く」は、明らかに違いますね。

**3** 　「聞く」は英語ではhearです。音や声を耳で感じること。噂を聞く、鳥の声を聞く、聞くに堪えない、などと使われます。

**4** 　「聴く」は英語で listenです。内容を理解しようと、身を入れて聴くことです。国民の声を聴く、事情を聴く、などです。

**5** 　これもある老師がおっしゃっていたことです。耳には三種類あると言います。ひとつは「ザル耳」、二つ目は「皿耳」、最後は「巾着耳」。

**6** 　「ザル耳」の持ち主とは、どんなに良いことを聴いてもすき間から、漏れてしまう人のこと。

**7** 　「皿耳」の人は、良いことを聴いても、しかし自分はそうは思わないと、ついつい跳ね返してしまう。雨だれが皿に当たって跳ね返されるように。

**8** 　「巾着」はご存じでしょうか。いまは

あまり使われなくなりましたね。布や革で作られていて、口をひもでくくり、中に金銭や大事なものを入れて携帯する袋のことです。そのように、良いことを聴いたら、袋の底にしっかりとしまい、決して出ていかないようにする。良いのはもちろん「巾着耳」です。

**9** 　老師が教えたのは「虚心坦懐」（虚心平気）に、人の話を聴く姿勢が大切ということですね。先入見や我見を持たずに、人の言葉に耳を傾けるのです。

**10** 　耳を傾けて、熱心に聴くことを、「傾聴」と言います。相手の話をしっかりと伺い、その気持ちに寄り添うためには、深く聴くことが必要です。人との良好な人間関係、信頼関係を結ぶためには、温かい心で話を聴く態度が求められます。

Part3 | 10回分にチャレンジ レッツ! トレーニング

**4回目** → 書き

制限時間 5 分

**問題** 冒頭に書かれた言葉をヒントに、各段落をまとめてみましょう。( ) 内の数は、その段落を構成している文章の数です。

**回答欄** 温かい心で人の話を聴けば信頼されます

■ (2文) 法話の勉強を

② (1文) ところで、

③ (3文)「聞く」は

④ (3文)「聴く」は

⑤ (3文) これもある老師が

⑥ (1文)「ザル耳」の持ち主とは、

⑦ (2文)「皿耳」の人は、

⑧ (5文)「巾着」は

⑨ (2文) 老師が教えたのは

⑩ (3文) 耳を傾けて、

145

# 5 イメージ読み

**5回目** ➡ 読み          制限時間 2 分

## ゆったりと呼吸をすると緊張がときほぐされます

**1** 　急激な運動をした後、私たちの呼吸は激しくなり乱れます。それと同じように、気持ちが焦り、落ち着かないときの呼吸は、不規則になり不安定になりますね。

**2** 　たとえば、朝寝坊をしてしまい、大急ぎで通勤電車に駆け込もうとしたら、後ろから来た人に割り込まれ乗ることができなかった。誰にでもある経験ですが、このようなときの「息」は、怒りと焦りで荒くなり、大きく乱れています。

**3** 　また、入学や入社試験の前、あるいは大事な商談のときなど、不安や緊張感で胸が締めつけられそうな思いをしたことはありませんか。

**4** 　私は大勢の人の前でお話をする仕事をしていますが、いまでも不意に、心臓がドキドキすることがあります（たいていは話の内容に自信がないときです）。その折は、ゆっくりと深い呼吸をします。すると不思議に気持ちが落ち着いてまいります。

**5** 　毎日を忙しく生きる現代人は、多かれ少なかれストレスを抱えています。ストレスが溜まった状態が強くなると、呼吸が浅くなります。精神的緊張が続くと、脳は大量の血液を欲しがります。そうすると、頭に血が上り、かっとしやすくなります。怒りが先に来て、判断力が鈍ります。冷静に物事を考えることができなくなるのです（このような状態に陥ることを、禅では「のぼせ」と、称しています）。

**6** 　このように呼吸は、私たちの精神状態と直接的にかかわっています。

**7** 　肺の間にある自律神経（交感神経と副交感神経）が、呼吸を支配しています。この自律神経を、私たちが直接コントロールすることはできません。しかし、ゆったりと呼吸をすることで、安定させることは可能です。張り詰めた全身の神経の緊張がときほぐされると、穏やかな心が保たれ、安定した精神のバランスが生まれます。

146

Part**3** | 10回分にチャレンジ レッツ! トレーニング

## 5回目 ➡ 書き

制限時間5分

**問題** 冒頭に書かれた言葉をヒントに、各段落をまとめてみましょう。（　）内の数は、その段落を構成している文章の数です。

**回答欄** ゆったりと呼吸をすると緊張がときほぐされます

**1**（2文）急激な運動を

**2**（2文）たとえば、朝寝坊を

**3**（1文）また、入学や

**4**（3文）私は大勢の

**5**（6文）毎日を忙しく

**6**（1文）このように呼吸は、

**7**（4文）肺の間にある

147

# 5 イメージ読み

6回目 ➡ 読み                     制限時間2分

## 呼吸には三つの種類があります

**1** 　私たちの呼吸は、自律神経系でコントロールされています。普段の呼吸は、おなかから胸の間でしていることが多いですが、ストレスがかかると肩で息をします。この状態が長く続くと自律神経系が過緊張になります。すると、肩がこる、頭痛がするなどの症状が現れます。

**2** 　この呼吸を、丹田に切り替えたらどうなるでしょうか。

**3** 　呼吸には厳密に言うと、「胸式呼吸」「腹式呼吸」「丹田呼吸」の三種類があります。

**4** 　まず「胸式呼吸」とは、ラジオ体操の終わりの深呼吸の仕方です。両手を上にあげながら吸い、おろすときに吐く。あるいは両手を横に広げながら吸い、おなかの前で組んで吐く。学校でやりましたね。

**5** 　吸うほうが先で、「胸」が主です。この方法で長く、深い、大きな呼吸をするには限りがあります。

**6** 　「腹式呼吸」と「丹田呼吸」は同じようですが、「腹式」は吸う息に意識を傾け、「丹田」は吐く息に意識を集中する違いがあります。

**7** 　坐禅の際は、この「丹田呼吸」を身に付けます。坐蒲（坐禅時に使用する丸い蒲団）の上にどっしりと坐って足を組み、腹に力を入れて横隔膜を拡げます。口を軽く閉じて、ゆっくりと鼻で息を吐き出します。このとき、へその下にある丹田を意識し、そこから息を吐くことに集中するのです。

148

Part**3** | 10回分にチャレンジ レッツ! トレーニング

**6回目** ➡ 書き　　　　　　　　　制 限 時 間 ⑤ 分

**問題** 冒頭に書かれた言葉をヒントに、各段落をまとめてみましょう。(　)内の数は、その段落を構成している文章の数です。

**回答欄** 呼吸には三つの種類があります

**1** (4文) 私たちの呼吸は、

**2** (1文) この呼吸を、

**3** (1文) 呼吸には厳密に言うと、

**4** (4文) まず「胸式呼吸」とは、

**5** (2文) 吸うほうが先で、

**6** (1文)「腹式呼吸」と

**7** (4文) 坐禅の際は、

149

# **⑤イメージ読み**

**7回目** ➡ 読み　　　　　　　　　　　制限時間②分

## バランスの良い食事は病気を予防します──医食同源

**1**　身体の中の細胞は、適量の栄養素と水と酸素により正常な代謝を行ない、それによって健康な身体が維持されます。現代人のようなストレスを強いられる生活では、栄養素が著しく消費されます。栄養素を過不足なく、バランス良くとることがなんといっても基本ですね。

**2**　近年日本では「医食同源」という言葉が、聞かれるようになりました。

**3**　「医食同源」とは、「普段からバランスの良い美味しい食事をすることで、病気を予防し治療しようとする」考え方です。

**4**　この言葉は、いつごろから使われるようになったのでしょうか。調べてみると、中国に古くからある「薬食同源」思想にヒントを得て、一九七〇年代に日本で造語されたようです。

**5**　「薬食」では、健康には良い感じはしますが、美味しそうではないですものね（近年「薬膳料理」がブームのようですが）。

**6**　「美味しい」ということは、精神のためにも重要な要素だと思います。見た目も美しく、味も調った料理は、脳内ホルモンを刺激して、食欲を増進させます（「味」を「調える」から、調味料が大切なのです）。

**7**　大好きな料理を食べるときは、誰もがとても幸福な顔をしています。でも、美味しいからといって、そればかり食べ続けてはいけません。最近の若者は「ばっかり食い」をすることが多いようです。

**8**　複数の皿を並べて、どれを先に食べるかという順序も気にせず、どの料理も完食しないで気の向くままに少しずつ食べていく。これが日本人の昔からの食べ方でした。

**9**　しかしこのごろは、皿ごとに完食していく人をけっこう見受けます。これが進むと、「好きなものだけ先に食べて、満腹ということにならないかしら？」と、危惧します。一週間の献立の中で、肉も魚も野菜もお米も、調理を工夫して、適度な量を腹八分目で、美味しく食べていく。このバランス感覚が大事でしょう。

150

Part**3** | 10回分にチャレンジ レッツ! トレーニング

**7回目** ➡書き 制限時間5分

**問題** 冒頭に書かれた言葉をヒントに、各段落をまとめてみましょう。(　)内の数は、その段落を構成している文章の数です。

**回答欄** バランスの良い食事は病気を予防します――医食同源

**1**(3文)身体の中の

**2**(1文)近年日本では

**3**(1文)「医食同源」とは、

**4**(2文)この言葉は、

**5**(1文)「薬食」では、

**6**(2文)「美味しい」ということは、

**7**(3文)大好きな料理を

**8**(2文)複数の皿を並べて、

**9**(4文)しかしこのごろは、

**151**

# 5 イメージ読み

**8回目** ➡ 読み    制限時間 2分

## もてなしの心で相手に接してください

**1** 　御本山に入ってひと月ほどして、私は「茶頭」という役を戴きました。茶頭というのは、総持寺独特の呼び名ですが、お参りにいらした方々に、「お茶を供する役」といった意です。

**2** 　実際はそれだけではなく、全国から参拝の皆さんの案内をし、お世話をします。蒲団を用意し、食事の給仕をする係で、数人の仲間が一緒です。参拝の方々は、ひと組が二百人、三百人を超えるときもあり、蒲団を運ぶだけで重労働でした。

**3** 　特に厳しく指導されたのは、食事の配膳です。ひもを使って間隔を決め、本膳と二の膳を等間隔でまっすぐに並べます。それから、料理を運び、食事作法を指導して、給仕を致します。

**4** 　毎日毎日、同じことの繰り返しです。「自分は接客業の見習いに来たのではない」そんな不遜な気持ちが、態度に現れたのでしょうか？

**5** 　ある日、古参と呼ばれる先輩和尚にこっぴどく叱られました。

**6** 　「御山（本山）では、一挙手一投足が修行であることが、わからないのか！

**7** 　遠方からわざわざお見えの方々に、すべてが行き届いた接待をして、本山の素晴らしさを感じて頂くのが我々の役目だ。

**8** 　同じお膳を並べるなら、そこに坐る一人ひとりの感激する顔を浮かべながら、もてなしの心で並べたらどうだ！」

**9** 　「時は生命なり」とは、道元禅師のお示しです。

**10** 　「つまらない」と思っていやいや仕事をしていた私は、大切な時を無駄に過ごしていたのです。つまらない時を過ごすことは、つまらない生命の使い方をしていることに、ほかなりません。

Part3 | 10回分にチャレンジ レッツ! トレーニング

## 8回目 ➡書き　　　　　　　　　　　　　　制限時間5分

**問題** 冒頭に書かれた言葉をヒントに、各段落をまとめてみましょう。（　）内の数は、その段落を構成している文章の数です。

**回答欄** もてなしの心で相手に接してください

**1**（2文）御本山に入って

**2**（3文）実際はそれだけではなく、

**3**（3文）特に厳しく指導されたのは、

**4**（2文）毎日毎日、

**5**（1文）ある日、古参と

**6**（1文）「御山（本山）では、

**7**（1文）遠方から

**8**（1文）同じお膳を並べるなら、

**9**（1文）「時は

**10**（2文）「つまらない」と

153

# 5 イメージ読み

**9回目** → 読み                                    制限時間 2分

## 衣服を調えると心も成長します

**1** 僧侶が身に着けるべき正しい服装を「威儀」と呼びます。道場に入門した時点から、「威儀即仏法」（威儀を調えることがすなわち仏法＝修行である）と何度も教わります。

**2** では日常生活において、正しい服装、好ましい服装とはどのようなものでしょうか。考えてみることにしましょう。

**3** ①清潔であること。
お年をめした方でも、清潔感が漂うと若さを感じられます。加齢するほど気をつけたいと、自覚しています。

**4** ②ＴＰＯ（時、場所、場合）に適したものであること。
個性的な服は魅力的ではありますが、自己主張が強すぎるとひんしゅくを買います。特に「お祝い事」や「不祝儀」の際は、気を使いたいものです。

**5** ③身体にフィットしたものであること。
どんなにドレスアップしても、身体にあわない服では、美しくありません。また、機能的であることも、場合によっては重要な要素でありましょう。

**6** 禅僧が、日々の作務（掃除や畑仕事などの雑務）を行なうときに着るのが「作務衣」です。身体を締め付けずとても着用しやすいのです。袖口と足首の部分は、埃やゴミが入らないようにゴム紐などで絞ってあり、大変機能的です。最近は「おしゃれ作務衣」も販売しており、一般の方にも人気があるようです。

**7** 衣服を調え、身だしなみに気を使い続けることによって、自分を変化させることができます。

**8** それを持続するうちに、慎み深く、折り目正しい物腰が身に付いてくるのです。その結果、他人に好印象を与え、自分自身に自信をもたらします。

**9** 「威儀」とは、単に服装のことを指すだけではなく、「威厳のある容儀であり、人に尊敬の念を起こさせる正しい振る舞い」です。

**10** 「容儀」とは、礼儀にかなった身のこなしのこと、またはその姿を言います。

**11** 「威儀即仏法」という禅の眼目は、このような意味なのでした。外見を正しく調えることによって、次第に心も成長するのです。

Part**3** | 10回分にチャレンジ レッツ! トレーニング

## 9回目 ➡ 書き

制限時間5分

**問題** 冒頭に書かれた言葉をヒントに、各段落をまとめてみましょう。( ) 内の数は、その段落を構成している文章の数です。

**回答欄** 衣服を調えると心も成長します

**1** (2文) 僧侶が身に

**2** (2文) では日常生活において、

**3** (3文) ①清潔で

**4** (3文) ②TPO (時、場所、場合) に

**5** (3文) ③身体に

**6** (4文) 禅僧が、日々の

**7** (1文) 衣服を調え、

**8** (2文) それを持続するうちに、

**9** (1文) 「威儀」とは、

**10** (1文) 「容儀」とは、

**11** (2文) 「威儀即仏法」という

# 5 イメージ読み

**10回目** ➡ 読み　　　制限時間2分

## いけばなは禅の本質に通じるものです

**1** 　修行期間を経て、お寺に戻った私は、あるとき「池の坊」の師範による「いけばな教室」に入門しました。仏さまの前にお供えする「立華」をしてみたいと思ったのが動機です。

**2** 　女性ばかりの中に男一人。少し恥ずかしい想いでした。

**3** 　しかし、札幌から月に数度通ってくださる年配の先生が、素晴らしい腕前の女性でした。そのきりっとしたお姿と、美意識の高さに憧れて、数年通い続けました。

**4** 　西洋のフラワーアレンジメントは、たくさんの花を惜しげなく使い、ゴージャスに好みの形を作る傾向があります。

**5** 　「いけばな」はその逆で、基本的にはあまり多種の花を使いません。そして、型の基本から学びます。

**6** 　余分な枝や葉をそぎ落とし、花の輪郭を際立たせて、その美を引き出します。

**7** 　未生流笹岡家元の笹岡隆甫氏は、料理にたとえてその違いを表現しています。

**8** 　フラワーアレンジメントは、濃厚なソースを加えて素材を圧倒するフレンチ。いわば「足し算」の美。

**9** 　いけばなは素材の味を引き出す日本料理。「引き算」の美と指摘しています。

**10** 　余分な部分をすべてそいでいく行程は、禅の本質に通じるのです。

**11** 　花も人も限られた生命の移ろいに生きています。その一瞬の自然のぬくもりを、「美」のうちに感じられるのが、私の好む「いけばな」です。

Part3 | 10回分にチャレンジ レッツ! トレーニング

## 10回目 ➡ 書き

制限時間 5分

**問題** 冒頭に書かれた言葉をヒントに、各段落をまとめてみましょう。( ) 内の数は、その段落を構成している文章の数です。

**回答欄** いけばなは禅の本質に通じるものです

1 (2文) 修行期間を経て、

2 (2文) 女性ばかりの

3 (2文) しかし、札幌から

4 (1文) 西洋の

5 (2文)「いけばな」は

6 (1文) 余分な

7 (1文) 未生流笹岡家元の笹岡隆甫氏は、

8 (2文) フラワーアレンジメントは、

9 (2文) いけばなは

10 (1文) 余分な

11 (2文) 花も人も

157

## トレーニング記録カード

※コピーしてお使いください。

| 訓練回・日付<br>トレーニング名 | 例<br>11月15日 | 1回目<br>月　日 | 2回目<br>月　日 | 3回目<br>月　日 |
|---|---|---|---|---|
| カウント呼吸法 | 15回 | 回 | 回 | 回 |
| スピードチェック | 18 | | | |
| スピードボード | 13/15 | / | / | / |
| ロジカルテスト | 15/16 | / | / | / |
| | ステップ（1） | ステップ（　） | ステップ（　） | ステップ（　） |
| イメージ記憶　1回目 | 8/40 | /40 | /40 | /40 |
| | 2分0秒 | 分　秒 | 分　秒 | 分　秒 |
| イメージ記憶　2回目 | 15/40 | /40 | /40 | /40 |
| | 2分0秒 | 分　秒 | 分　秒 | 分　秒 |
| イメージ読み | 8/10 | /9 | /7 | /9 |
| | 2分0秒 | 分　秒 | 分　秒 | 分　秒 |

158

Part**3** | 10回分にチャレンジ レッツ! トレーニング

| 4回目 | 5回目 | 6回目 | 7回目 | 8回目 | 9回目 | 10回目 |
|---|---|---|---|---|---|---|
| 月　日 | 月　日 | 月　日 | 月　日 | 月　日 | 月　日 | 月　日 |
| 回 | 回 | 回 | 回 | 回 | 回 | 回 |
|  |  |  |  |  |  |  |
| ／ | ／ | ／ | ／ | ／ | ／ | ／ |
| ／ | ／ | ／ | ／ | ／ | ／ | ／ |
| ステップ（　） | ステップ（　） | ステップ（　） | ステップ（　） | ステップ（　） | ステップ（　） | ステップ（　） |
| ／40 | ／40 | ／40 | ／40 | ／40 | ／40 | ／40 |
| 分　秒 | 分　秒 | 分　秒 | 分　秒 | 分　秒 | 分　秒 | 分　秒 |
| ／40 | ／40 | ／40 | ／40 | ／40 | ／40 | ／40 |
| 分　秒 | 分　秒 | 分　秒 | 分　秒 | 分　秒 | 分　秒 | 分　秒 |
| ／10 | ／7 | ／7 | ／9 | ／10 | ／11 | ／11 |
| 分　秒 | 分　秒 | 分　秒 | 分　秒 | 分　秒 | 分　秒 | 分　秒 |

## レベル達成度レーダーチャート

各トレーニングをPart2の「レベルチェック表」でチェックして、達成度を記入してみましょう。

**1回目**

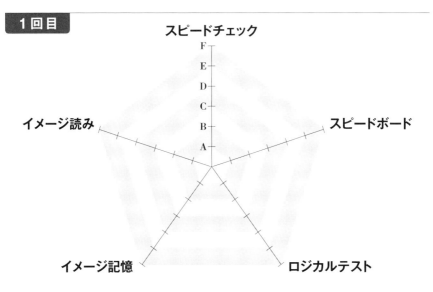

**10回目**

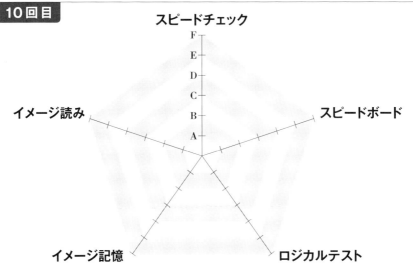

インビテーション
# 私の速読体験記

# 先輩たちの取り組み方を
# 参考にすれば
# よりトレーニングが効率的になる

　このPartでは、実際にトレーニングに取り組んでいる生徒さんの具体的な声を紹介します。トレーニングを始めた動機、トレーニングを進めるうえでのポイントや心がまえ、どのように実際の生活に活かしていくのかなどを詳細に語っていただきました。

　速読は一朝一夕に身につくものではありません。トレーニングを進めていくなかで、飛躍的な進歩が実感できることもあれば、スランプを感じることもあるはずです。あなたご自身が効率的にトレーニングを進めるために、また、思うようにトレーニングが進まないときに、実践者の体験記は大変参考になります。あなたが思いもよらないヒントが得られるかもしれません。

Part4｜インビテーション 私の速読体験記

田上 雪音

# それは本当に
# もったいないのだ

**Profile**

たのうえ・ゆきね
40代の兼業主婦。小
学校へ行くのにランド
セルを忘れるようなウ
ッカリを、この年にな
ってもたまにやってま
す。

## 「ものすごくやりたくないけど逃れられない業務」
## を何とかサクッと終わらせたい

　速読に興味を持ったのは、「**ものすごくやりたくないけど逃れられない
業務」を何とかサクッと終わらせたいと思ったことがきっかけである。「あ
あ、こんなつまらない（わからない）本なんてさっさと終えて、もっと楽
しい本を読みたい！」**と、試験前のアホ学生のような思いから速読を調べ
はじめた。

　私は独学や自習が苦手なこともあり、何か新しいことを学ぶには直接習
いにいくのが最も効率的だと思っている。そのため速読も通えるスクール
を中心に探した。まずは速読そのものを検索し、次にスクールを探す。そ
のそれぞれの感想を読み、

・自演ではないのか？

・料金はいくらか？

・効果はどういったものか？

・そもそも効果があったと書いている人は、もともと自身の能力が高いだ
　けではないのか？

163

と、根暗く疑ぐり深い視点で数日間ひたすら探すなか、クリエイトのホームページも見はじめた。トップページの更新履歴がえらく少ないようだが大丈夫だろうか。過去に来ていた**「たまたまスゴイ人」の出した結果や、だいぶ昔に書かれたホメ上手の文章にすがっているんじゃなかろうか**──。とはいえ、まずは体験記があるのでそれを読む。

## 体験記の執筆者達が優秀すぎて撃沈、その後光明を見出す

　ところが最新のものから順に読もうとしたところ、司法試験や公認会計士といった、自分とは何の縁もない立派な資格に合格した人たちの文章がそこには立ち並んでいた。**いや……あのー……。私、そんなスゴイことは求めておりませんでして。**

　元来卑屈な性格のため、効果が曖昧であるスクールはもちろんだが、スゴ過ぎる所も検討対象から除外したくなる。だってそれって来た人の元々の頭がいいからついていけるって話じゃなくて？　ダメ寄りの一般人の私がやって同じように出来るとは限らなくない？　**第一ウソっぽくない？**と。ところが中に一つ、異彩を放つタイトルを見つけた。

**「アル中から私を救ったクリエイト」**

　……。なに？　この新興宗教チックなタイトル！

　読みはじめると、よくあるだらしない酒好き程度の「いわゆるアル中」ではなく、もはやアルコールで脳が変性してしまい、今断酒しなければ５年以内に死にますよ宣告をされてしまった相当深刻な状況の人の体験記であった。

　おおおおっ！　萎えた興味が一瞬にして湧きはじめた。読み進めるに

164

つれ、感心するというより私は感動をおぼえた。一時は九九もおぼつかなくなり、名前すら書けなくなったような人が、こんなにも破綻なく整然とした文章を書き、数々の資格を取得していっている。つまり機能回復だけでなく新しいことにも挑戦し、成功しているのだ。

　これなら自分も何とかなるかもしれない。どれだけアホで移り気で、仮に気づかぬうちに若干脳が萎縮していたとしても（アルツハイマー家系なのでちょっと心配）、さすがに日常生活にまだ支障はきたしていないのだから、そんなに激しくは変性していないだろう。そもそもこんな状態の人が頑張ったというのに、自分のドン臭さは生まれつきだなどと言って逃げている場合ではない。どうやら彼は速読だけでなく、「文章演習講座」というものも受けたらしい。そうか、それでこんなに読みやすい文章を書いているのか。当初の目的もコロッと忘れて文章演習講座（以下「文演」とする）に心は傾きはじめていた。

## え、教室って池袋だけ？

　「いいんじゃない、ここ」と、期待を込めてさらに（興味の湧かなかったスゴい人たちの）体験記を読み進めると、司法試験などに受かった人たちも決して最初から賢かった人たちばかりではないと知る。そしてブログも発見した。

　しかし、こちらはまったく意味がわからなかった。何の数字を羅列しているのか、ブログで新規顧客を呼び込もうとは思っていないのか（→思っていなかった。受講生向けだった）。

　とはいえ、数年間かなり頻繁に更新を続けているのだから、それなりに

実績はあるはずだ。仮にウソだとしても、これだけ毎日のように虚構の内容をアップしているとしたら、その執念にそれはそれで敬意を表そう。

こうして講座の案内を読みはじめると、文演は速読を受講している人しか参加できないことを知る。よしよし、それならやはりひとまずは速読で通おう。と、教室へのアクセスを確認した途端、悲劇が。**クリエイトって池袋にしかない！　池袋？　池袋だけ？　よりによって東京の池袋だけって!?**　当時関西在住であった私にとって、池袋はどうあがいても通うことができない場所であった。

## 致し方なく通信教育を受ける

仕方ない。だいぶテンションは落ちたが通信教育でいこう。**嫌なんだよ、自習は苦手なんだよ、やりきれるのかなあ。やりきれなかったら自己嫌悪に陥って余計悲しくなるよ……という、やる気はあるのに激しくネガティブなスタートを切った。**

ムダにはすまいとトレーニングの予定をスケジュールに入れこみ、3か月分ザックリと時間の確保をした。しかし、実は単なる時間の確保だけでは足りなかったのである。説明は読んでいるので字面上は理解して電話の電源オフなどもしていたのだが、**本当に必要なのは「集中できる時間」だった**のである。

我が家には猫がいる。トレーニングを邪魔されないよう事前に餌をやり、電話も切った。しかし、両手でシートを持てば、ワザワザその腕を枕に寝

Part4 | インビテーション 私の速読体験記

にくるもの、「いますぐ撫でなきゃこの壁で爪をとぐ」と目の座った顔つきでこちらをチラ見するもの等、それらが思い思いに波状攻撃を仕掛けてきたのである。いったい何を察知しているのか。兎にも角にも最初の段階のトレーニングすべてをそんな惨憺たる状態で終了してしまい、1分間の読字数も初速よりも下がるという惨敗っぷりであった（ただし、これはよくあることらしい）。

だめだ、このままでは無意味な状態で終えることになる。心機一転、次の段階からは仕事場で終業後にそのままトレーニングを行なうことにし（できる環境であった）、これは成功した。これでようやく場は整ったが、今回体験記を書くにあたり、かつて提出した内容物を再読していくつかの敗因に気がついた。

・自分の選んだ倍速読書トレーニング用の本が悪く（＝トレーニングしづらい）、**準備した冊数も少なかった**（読み方をセーブしてしまう）。
・市販の本を使うため倍速読書をトレーニングと割り切れず、**つい「本をちょっと急いで読む」程度の心構えで臨んだ**（トレーニングの目的を理解していなかった）。
・質問してアドバイスも受けているが、それを実行できていなかった（当時はやっていたつもり。でも、いま振り返ると内容を理解していなかった）。

要は、言われた通りにやっていなかったのである。もしいま、通信教育でなかなかスコアが上がらないと悩んでいる人があれば、**指示された通りに行なっているか、各トレーニング毎に細かく点検する**といい。また当時、うまくできないのはなぜかと散々悩んでいたが、もっと専用サイトを活用

167

して、きちんと腑に落ちるまで質問すればよかったと反省している。後半のトレーニングになるほど1回にかかる時間が長くなるため、なかなか思うように時間をとれず、終了までに4か月ほどかかった。その結果、1分間の読字数は初回1,840字/分→最終6,923字/分となった。

## 転機が訪れ、例の池袋の教室へ

その後、我が家に転機が訪れる。夫の仕事に合わせ、関東に戻ることにしたのである。戻るにあたり、クリエイトに通うことは自分が当然やることリストの一つに含まれていた。だって文演受けたいし、読むスピードももっと上げたいし！

実際に教室に通いだすと、通信教育との違いをいくつか感じた。語弊がないようにしたいが、教材自体はまったく一緒だし、やること自体もほぼ変わらない。提出物の返信を書いてくださっていた講師の方たちも教室と変わらないし、場所が違えども、ほぼ同じトレーニングをしていたことに気づいた。

そのうえで私の感じた決定的な違いがある。それは、他の受講生を直接見られることである。

どれだけブログや紹介文にすごい話やスコアが載っていても、それらがどんな速さで行なわれているのかを実際に目にしなければ疑心暗鬼でいっぱいになってしまうのだ。「本当にこんなスコアって出るの？　なんか上乗せしてない？」と、自分が不出来なことを棚に上げ、つい疑ってしまうのである。

ところが教室に行くと、そんな疑いが一気に吹き飛ぶ。自分としてはま

Part4 | インビテーション 私の速読体験記

だ序盤の短い時間で同じ訓練を終了してしまう人がいたり、ペラッペラと秒速でページをめくっていくような人たちが、そこにはいたのである。はじめてその姿を目にしたときは、思わず「先生、一人パラパラ漫画見てる人がいます！」と言いつけたくなったほどである。知らない人が見れば、図表でも探しているのかと思うような速さであろう。

## ○ 普通の人が続けて超人になっていた

しかもブログにはそんな超人たちの、**とても、とても普通だった最初の頃のスコアが載っている。その後の目を疑うようなスコアは、普通の人が**

**トレーニングを続けた結果であることがわかる**のである。最初のスコアが書かれていなければ、単純に「頭がいい人って、いろいろ全体的にどうかしてるんだな」と自分と切り離して終わりだろうが、粘れば全スコアとは言わないまでも、到達可能であることに励まされるのである。

　トレーニングに臨む際に意識すべきは、これまでの自分のスコアを少しでも上回ること。しかしハイレベルな結果を出している人を間近に目にすることで、自分だけではかけきれない負荷をその姿から得られる。速い人が側にいるときは、気を取られつつもペースランナーと仮定してついていこうとしており、そういうときはやはりスコアが上がることが多い。受講85回目の読字数は16,100字／分となり、倍速後の分間読字数が（一つの節目と考えていた）10,000字を超えるようになった。

## 念願の文演を受ける

　さて、教室に通い出して数か月後、私はとうとう念願だった文演を受講する。いやー、やりたいと思っていたことができるってつくづく嬉しい。

　受講の目的は、**本を読む際の手助けになると思ったこと**、そして**自分自身で書く文章をより良いものにしたかったこと**の二つである。

　この講座が終わったら文章は深く読み込め、文章力も著しく向上し、いい文章、わかりやすい文章がサラッと書けるようになるのではないかと期待したのである。ところが、いざ講座で最後に課題を提出する段になると、そんな考えはまったく浅はかであったと気づかされた。**つくづく速読と同じで、ただ方法を知っただけでは当初の目的の半分も達成できないのである**。

Part4 | インビテーション 私の速読体験記

　もちろん文演講座はとても面白かった。かつて読んだ文章で違和感を感じていた理由が次々に判明したり（この指摘が目からウロコで、後から後から、かつて何かモヤっとしながら読んだ様々な文章が思い出された）、渡されたテキストに対する他の受講生の指摘を聞き、自分には欠けていた視点を知ることもできた。同じ文章を読んでいても、「他の人はそんなことにまで注意を払って読んでいたのか」と、自分の甘さを知ったりもした。しかし、相変わらず文章の内容に引っかかればいく度も読み返すし、文章を書けば見直しつつ書き直してもいる。

　「この講座は難しいですよ、ムダですよ」と言いたいのではない。それどころか全講座が終了する前から即座に役に立った。**「あなたの説明が一番わかりやすかった」と言われたり、誤解のないように配慮したメールを打ち、意図通りに作業を完了してもらえたときの"してやったり感"は、仕事上の密やかな楽しみの一つにもなっている。**しかし、速読もそうだが文演で学んだことはとにかく実践ありきなのである。学んだことを踏まえながら書き続けて、ようやくつかめるものなのである。

## 思いもよらぬ副効用、続出

　通信教育からスタートし、自分の実感する読字数の向上自体は思うほどではなかった一方、始めるまでは考えもしなかった副効用を得たことには早々に気づいた。どれもこれも高校生の頃に、もっと言うなら中学生の頃に身についていたならどれほど人生が違っていただろうと思わずにはいられないものばかりである。

## 効果 **1**
## 確実に上がる集中力

　始める前は体験記を読んでもあまりピンとこなかったが、**クリエイトの トレーニングは確実に集中力が上がる。**それまで何をするにしても常に散 漫な状態で行なっていたからその重要性がわかっていなかったのだが、本 当にコレってすごい！

　たとえば新聞を開いたときに目に入るあちこちの見出し。以前はもう端 から気になって視線が右往左往し、途中まで読んでいるのに他のタイトル が目に入ればそちらに移ってしまったりと、読むのにとても時間がかかっ ていた。それが気づけば一つの記事を読み通してから次に移る、という他 の人には当たり前でも私にとってはとても快挙な読み方ができるようにな ったのである。**集中するってこんなに物事がスムーズに動くものなの!?** という遅ればせながらも新鮮な驚きがあった。

## 効果 **2**
## 頭の切り換えができるようになった

　以前は、ものごとを順番通りに行なわないと、どこかズルをしているよ うな気持ちを抱いていた。それが何かの作業を並行して行なったり、順序 を変更してみたり、完全に把握していなくてもひとまず先に進んでみると いったことが、ごく自然にできるようになってきている。

　**不得意な何かがあっても、すべての質が落ちるわけではない**と気づいた のだ。

　これは仕事の効率といった面は当然だが、生きること自体にも関わる判 断力のようで、ムダに自分の首を絞めていたようなかつてのキツキツ感が 減り、ちょっと生きやすくなってきたよなあ、などと思っている。

Part4 | インビテーション 私の速読体験記

効果 **3**
## 構成力・イメージ力がつき、新たな視点を獲得

ほかに強化されたものとしては、頭の中で構造を組み立てたり、複雑な話を追ってイメージしていく力がついてきたことを挙げたい。

以前は小説の筋を追うのはいいが、たとえば部屋の間取りの説明などが出てくると完璧にスルーして読んでいた。正確に言うと読んでもわからないだろうからと、考えることを端から放棄していた。しかし、トレーニングを受けていくことで、建造物の構造や実物がわからないものも思い描きながら読むようになってきている。話の筋で追いきれなかった（イメージしきれなかった）部分も、他の情報を活かして当てはめていく余力も生まれた。

このコツをつかめたことで作業効率が上がったり、ものごとを多角的に見られるようになってきたように思う。

そう思うのは、他に人から「そんな風に作業するなんて斬新」「何でそれに気づいたんですか？」などと、よく言われるようになったことがきっかけだった。そのときの自分の行動や意見を分析してみると、**自分の知識の積み重ねとは別の判断から発想しているもの**だったのだ。

効果 **4**
## ロジカルテストで上がる読解力

文章読解力の向上は、ロジカルテストがカギだと思っている。なぜなら、このトレーニングは文章理解のために必要な総合的な力を問うものだからである。

やってみるとわかるが、一見、条件分岐などのロジックに慣れている人が得意なように思えるが、トレーニングの難易度が上がるにつれて、それだけでは進めなくなってくる。追加されていく条件や少しずつ変わる言い

173

回しを、3分間という短時間で解ききるためには、字面だけで追っていっては到底間に合わなくなるからだ。「文章をイメージする」「それを頭の中で組み立てる」「一つに手間取るようなら思い切って捨てる」──そういった総合的な頭の使い方が向上しなければ、ロジカルのスコアは上がっていかないと思うからである。

　地を這うようにして、現在ようやくCタイプの後半まで進んだが、恐ろしいことにまだまだこの先には20段階以上もあるらしい。しかもブログではDやE、F、Gといったレベルにあっても「伸びない」と悩んでいる人たちがいて、自分からすれば、ほとんどオリンピック選手の苦悩のようなものである。この人たちが文章を一読したときの読解力は、いったいどんなものなのだろう。つくづくそう思うが、実のところそれを知るには結局自分でその境地にたどり着き、自分がその世界を体験するしかない。そしてそれは私にもいつか、ちゃんとつかめる世界なんだと、いまは思えるのである。

## 効果 5
## イメージ記憶と小説の威力

　読解力トレーニングの一つであるイメージ記憶は、いわゆる記憶術として巷で単体の講座があるものと同様のため、はじめて知ったときには、何だかお店の人が黙ってお得商品を丸々一個おまけしてくれたような気分であった。

　「記憶」とつくため、一瞬で長期記憶が可能となるような勘違いをしがちだが、そうではない（ハズ）。もちろん思い出しやすくなるのだから、暗記ものにも役立つだろう。しかし、これは**イメージ力を向上させ、記憶のフックを作り出しやすくする訓練**である。上記の効果③を容易にするた

めにも欠かせないし、無関係の単語を組み合わせて覚えていく作業自体、発想力を高めることにもつながっていく。

教室の書棚にはビジネス書も豊富に置いてある。しかし、受講する人たちには小説も読むように勧められている。恐らくその理由として、イメージを構築していくための言葉の素材を蓄積させること、そして物語は映像としてイメージしていくよい練習材料であるからだと考えられる。役に立ちそうなものばかりでは身につかないことがある、という逆説的なところも気に入っている。

## 自分に自信がない人にほど、 やってほしいし、続けてほしい

　速読トレーニングも文演講座も、どちらも楽しい。その一方で、知れば知るほど、どちらも「もっと早くに受けるべきだった」と思わずにはいられない後悔も募った。小学生と思しきお子さんが教室にいるのを見かけると、この子の将来はどれだけ面白いことになるんだろう？　と目を細めてしまう（でも、イメージ記憶は大人のほうが得意なんだもんね！）。いいなあ、こんな年齢で受講するなんて、と羨ましく眺めてしまう高校生でさえ「中学生の頃に知っていたら」と悔やんでいる。

　もしトレーニングをすることに躊躇している人がいるならば、「**それは本当にもったいないのだ**」と仁王立ちになって言ってお聞かせしたい。そして自分に自信がない人にほど、くれぐれもオススメしたい。
　クリエイトのトレーニングを通して身につくスキルは、「デキる社会人になるための必須のツール」だから、などという薄っぺらいことを言いたいからではない。1分、30秒でできることの幅をグイッと広げ、**短時間に下した自分の判断を信頼し、粘り腰の思考力を身につけていく。自身への信頼度を増し、追い詰められても投げずに取り組み、実力を発揮する強さ**。それらはどんな年代にも必要なことだろう。そして、**そうした力がジワリと浸透するように身についていく習い事なんてそうはない**と思うからだ。

　私が薄らぼんやりとした時間を過ごしている間に、力いっぱい努力している人たちがいた。仕事や学校以外にも90分、必死に過ごしている人たち

がいた。それはいまでも続いていて、もしこのまま何もしなければその差は開く一方だ。しかしその「誰か」との差をただ焦り、諦めるのではなく、自分自身の土台を築きあげ、確固としたものにしていける場がクリエイトなのである。良いもの見つけちゃったなー、と教室に通いだして3年目になるいまも思っている。

※体験記全文をご本人が圧縮したものです。全文はクリエイト速読スクールのホームページをご覧ください。

慶應義塾大学環境情報学部　梅木 恒

# 「速読」は
# おまけである

**Profile**

うめき・ひさし

6年で300回受講。大学では経営戦略・落語のゼミに所属。好きな小説は『ファウスト』『春琴抄』『ダイヤモンドダスト』。

## もう大学は無理かなと思っていた

　クリエイト速読スクールに通いはじめたころ、私は人生の窮地に立たされていた。私は高校を卒業して浪人中に体調を大きく崩した。にっちもさっちもいかない状態が何年も続き、とても大学にいける状態ではなかった。**病気のせいか薬のせいか、頭はもやがかかったようなぼんやりとした状態**で、もう大学は無理かなと思いはじめていた。

　もがき続けるなか、クリエイトの出している書籍をきっかけに教室に通いはじめた。体調不良のせいで教室に通えない期間が幾度かあったものの、どうにか慶應に滑り込むことができた。

　**大きく回り道はしたけれど、クリエイトで磨いた情報処理能力はどんな場所でも通用する強力な武器になる**だろうし、道を切り拓いていく助けになるはずである。

## ほかの速読とは少し違うぞ

　もともと速読に興味があった。小さいころから本が好きで、速く読める

ようになりたいとつねづね思っており速読について書かれた本を読んでいた。しかし、こうした本を読むだけで速読が身につくはずもなく、ただ日々が過ぎていた。

クリエイトが出していた『キャリアが高まる1日15分 速読勉強法』を書店で見かけた折にも、これまでの速読本と同じく当然のように手に取りパラパラとページをめくった。めくるうちに類書とはどこか違う感覚がしてくる。ロジカルテストやスピードチェック、イメージ記憶などといった頭を使いそうなトレーニングが並ぶ。**視野拡大が全面に押し出されるほかの速読とはだいぶ違う。**さらにパラパラとめくっていくと大学受験塾SEG（エスイージー）と提携しているとある。あのSEGと提携しているとあらば、効果がないはずはない。ここに通えば錆びついた頭がどうにかなるかもしれないという一縷の望みを胸に、とにかく一度体験レッスンを受けることに。

## 簡単には身につかないと納得

いま思うと恥ずかしい限りではあるが、多少は頭の回転がいいはずだというわずかながらの自信は、体験レッスンで見事に打ち砕かれた。周りの人がすいすいと解いていくロジカルテストは思うように解けず、スピードチェックも思うように見つからない。しかもそれが数字となって突きつけられる。体験前に本に掲載されているトレーニングをして少し「予習」をしていたのでよくできるだろうとの思いとは裏腹に、頭がいいかもしれないという思い上がりは瞬く間に消え失せ、危機感が募りはじめた。

体験レッスン後に各トレーニングの説明と結果の説明を受ける。その中

で速読を身につけるためには、**基礎的な情報処理速度を上げる必要があり、それは一朝一夕に身につくものではなく地道なトレーニングが必要**だと言われた。

　世にあふれる速読本で速読が魔法のように簡単に身につけられることを謳(うた)っているのを訝(いぶか)しがっていた自分にとって、速読は簡単には身につかないと言い切られたのには、強い納得感があった。読むのが速い人や情報処理能力が高い人は鍛錬の結果であって、自分はそうしたトレーニングを怠ってきたから能力が低い。

　だとしたらクリエイトでトレーニングを積むことで、頭の回転が元に戻るだけではなく、以前よりもましな頭脳を手に入れることができるのではないかと思い、入会を決めた。

## 初めは気がせいていた

　入会して10回目ぐらいまでは毎回のレッスンの最後に行なう倍速読書（速読のための実践トレーニング）の読字数を伸ばそうと「速く読もう、速く読もう」とするあまり気がせいてしまって、本の内容が頭に入ってこず数字が伸びなかった。行き帰りの電車内や自宅での読書でもやはり速く読もうとしてしまって、本の内容が頭に入ってこない。もしかしたら速読を身につけられないのかもしれないと思いはじめる。

　しかし通い続けるうちにロジカルテストをはじめとする中盤の数字が上がりだし、次第に読字数よりもトレーニングのスコアをよくするために教室に通うようになっていった。トレーニングを通じて錆びついた頭がぐんぐん回転しはじめるのが楽しくて仕方がなかった。

　興味の対象が頭の回転をよくすることに移っていったせいで、ほかのトレーニングと同じように余計なことを考えずに集中して倍速読書に取り組めるようになった。

## 「速く読もう」から「集中して読もう」に

　するとどうだろう。あれだけ伸ばそうと息巻いて空回りしていた読字数がするすると伸びはじめた。**意識が「速く読もう」から「集中して読もう」にシフトしたせいで、速く読めるようになってきたのである。**よくよく考えてみれば当たり前のことである。速く走ろうと思うだけでは速く走れる

はずがない。速く走るための練習をして、結果的に速く走れるようになるのである。これと同じように、視野を広くしたり頭の回転をよくしたりして速く読むために必要な能力が鍛えられた結果、おのずと速く「読める」ようになるのである。

　至極あたり前のことなのだが、入ってしばらくはこのことに気づかなかった。一足飛びに速く読めるようになろうとするのではなくて、**目の前のトレーニングを必死になって集中してやり続けることが重要**なのであった。

## 意識的に速く読もうとしなくても、速く読める

　速読と聞くと、速く「読もうとする」ことだと思われることが多い。ほかの速読法を知らないので断定的なことは言えないが、BTRメソッドの速読は違う。速く「読める」速読なのだ。飛ばし読みをしたりするわけではなく、情報処理能力が鍛えられた結果、読書スピードが上がる。それゆえ、意識的に速く読もうとしなくても、自然と速く読めるのである。
　ただ注意したいのは、**ゆっくり読んでもわからない本が簡単に読めるようになるわけではない**点だ。難しいものは難しいものなりに、簡単な本は簡単な本なりに速く読めるようにしかならないので、この点は誤解が多いので注意が必要であろう。

## 真価は集中力とワーキングメモリの拡大

　「速読」スクールに通っているのに、こう言ってしまうのは気が咎めるが、

あえて書く。

**「速読」はおまけである。**

その真価は各種トレーニングを通じて、集中力のアップとワーキングメモリの拡大を実感できることである。この体験記を書いている段階で295回受講している。読字数自体には何の不満もない。それなのに教室に通い続けているのは、**集中力とワーキングメモリを鍛えるため**である。

ワーキングメモリが鍛えられると実感できるトレーニングの一例は、ロジカルテストだ。「AはBより大きい。BはCより小さい。一番小さいのは？」というような問題を3分間で30問解くトレーニングである（ここに載せた例はごくごく初歩的なもので、レベルが上がってくるとさらに複雑な問題が出てくる）。

このトレーニングでは、問題文を読みながら頭の中でA、B、Cの大小関係を整理して答えを出さなくてはならない。AとBの大小関係を頭に留めつつ、さらにBとCの関係を分析して答えを出す。

このように、何かを頭に留めつつ作業するときに使う記憶力がワーキングメモリなのだという。この記憶力を高めることができれば、**試験のときに役立つのはもちろん、仕事や読書など一時的に頭に情報を留めながら考え事をする局面で大きなアドバンテージになる。**

実際、BTRメソッドで鍛えたワーキングメモリと集中力は、大学入試では大きく役に立ったと思う。英語のリスニング対策で聴いていた「The Economist」のオーディオブック版は、等倍再生では遅すぎるように感じ3倍速で余裕を持って聞き取れるようになったし、慶應義塾大学環境情報学部の入試では、**英語の試験時間120分のところを30分で解ききれるまでになった。**

## 時間的な制約を理由に
## 目を通す資料を減らす必要はない

　入学後の学業でも大いに役立っている。ゼミで資料を作成するケースでは、基礎調査の段階で多くの資料を読み込む必要がある。業界紙を数年分いっきに読んだり、関連する雑誌や新聞の記事を短期間でいっきに読み込み、意味合いを出さなくてはならない。

　それでも読むのが速くなったおかげで時間的な制約を理由に目を通す資料を減らす必要はないし、鍛えに鍛えたワーキングメモリのおかげで多くのことを考慮に入れながら資料を読み進めることができ、高い生産性を発揮できている。**学業のほかにも、これまでにインターンで行ったどの企業でも、資料のクオリティの高さと提出までの時間の短さは評価してもらっている。**

　教室に通いはじめる前も情報処理能力には自信があったが、いまは誰かに負けるということが考えられないぐらい自信がある。もはや頭の回転が問題になることはない。事務処理を素早く仕上げて満足する段階を抜け出し、どれだけ高い付加価値を出せるかが問われている。

## いかにトレーニングの場で自分を追い込むか

　私は、本、通信教育、教室の3通りの方法でBTRメソッドのトレーニングを体験している。本や通信教育には自分のペースで進められる気軽さがあり、教室ではトレーニングの難易度を講師の方が絶妙なレベルに設定してもらえるなど質の高いトレーニングが期待できる。

しかし、それぞれのトレーニング内容自体は大きくは違わない。要は、本にしろ、通信教育にしろ、教室にしろ、大切なことはトレーニングに集中することなのだ。

事実、教室に通うだけで伸びるほど甘くはない。ただ回数をこなせば能力が上がるかといえばそうではない。**自動的に能力は伸びない。教室は伸ばすための環境が整っているだけなのだ。**伸びるかどうかは、いかにトレーニングの場で自分を追い込むかが重要になってくる。どれだけ気合いを入れて集中し力を出し切ろうとするかが最も重要である。これができなければ能力は伸びない。**何かに打ち込んだ経験がある人ならわかるかもしれないが、質の高い練習をするためには集中して力を出し切ることが鍵になる。**受講生のやる気があってはじめて意味があるのだ。

**BTRメソッドでは、つねに全力を出してトレーニングに臨むことが求められる。**何となくレッスンを受けても能力は伸びてはいかない。ただ教室に行って90分過ごしていても意味はない。

どれだけ自分自身にプレッシャーをかけられるか、ひいてはどれだけ自分自身と向き合えるかが重要なのである。レッスンを受け終えて余裕が残っているようではいけない。**頭がくたくたになって何も考えられないというぐらいまで力を出し切らないとならない。**これは本でトレーニングするときも同じだ。

クリエイトは、「通うだけで速く読めるようになりますよ」などと甘くささやいてはくれない。**地道に努力し続けることを求める速読スクールである。**平坦な道のりではないが、その実りは大きい。

教室に通いはじめてもうすぐ6年、受講回数にして300回近くなる。そ

れでもまだまだ能力に満足していない。教室には優秀な方々がたくさんいらっしゃる。そうした人と一緒にレッスンを受けるたびに、果てしなく上は遠いと思うと同時に、彼らに追いつくために研鑽を積まなければと思うのである。

あとがき

「ビジネス書は売れて5、6000部、最初の壁が1万部で、そして3万部、5万部、10万部……のベストセラー」といわれているそうです。

これまでクリエイト速読スクールは、日本実業出版社から『速読らくらくエクササイズ』、『速読ナビ』、『キャリアが高まる1日15分速読勉強法』(エスカルゴムック)、『試験に受かる1日15分速読勉強法』と、4冊の本を上梓してきました。これらの印刷部数の累計は約18万部で、『速読らくらくエクササイズ』は約10万部となっています。

この部数は、大した数字ではないものと思っていました。しかし、上記のビジネス書出版業界の「常識」を知って、速読に何が求められているのかを知ることができました。

どのようなトレーニングをすればよいのか、具体的にどのような教材があるのか。具体的に何をすれば「速く」なるのか──。

実体のある本が求められているのだと。


読書のための総合的トレーニングであるBTRメソッドは「認知視野の拡大」「読書内容への集中」「読書トレーニング」の3つの柱で構築されています。そのなかでも、とくに「読書内容への集中」トレーニングの数値が高い生徒さんほど、知的作業全般に対して高い成果をあげていることがわかっています。

そこで本書では、「読書内容への集中」のトレーニングだけをピックアップしました。ご自身の処理能力改善に役立てるために、本気でトレーニングに取り組んでいただければと思います。

ただ、本音を言うと、取り組んでもなかなか必死になりきれないのが「本」

**187**

のウィークポイントという気もします。

　そのため本書では、各トレーニングにA〜Fまでの「レベルチェック表」を掲載しました。そしてもうひとつ、スペシャルの「S」も公開しています。これは、教室での現在の最高レベルです。はるか上の高みを知ることで、いまの力を相対化しやすくしました。また、各トレーニングに対しては生徒さんの「声」も拾っています。

　さらに、「池袋博士」という本音で話す老爺を『速読らくらくエクササイズ』に続いて、再び登場させました。「必死」「本気」「一所懸命」になっていただくために、さまざまな工夫を盛り込みました。

　本気で努力するに足るものとしての本を、次に通信教育を、頂上に教室があるというJリーグ的ピラミッド発想があります。

　そのためには、つねに、本自体が二番煎じ三番煎じではない、最も核心をついたものでなければならないという考えで、今回の『速読ジム』も書かれました。本と教室の交流によって、クリエイト速読スクールは実績を積んできました。全力で格闘していただければありがたいです。

　最後に、受講体験記を書いてくださった田上雪音さんと梅木恒さん、序文をお寄せいただきました瀧本哲史さんに、あらためて感謝を申し上げます。

　『脳のワーキングメモリを鍛える　速読ジム』によって、速読に新しい可能性がひらけることを願います。

2015年10月　　　　　　　　　　　　　　クリエイト速読スクール

参考文献

『もの忘れの脳科学』苧阪満里子／著（講談社）

『ワーキングメモリ──脳のメモ帳』苧阪満里子／著（新曜社）

『ワーキングメモリの脳内表現』苧阪直行／編著（京都大学学術出版会）

『オーバーフローする脳──ワーキングメモリの限界への挑戦』ターケル・クリングバーグ／著、苧阪直行／訳（新曜社）

『記憶と脳──過去・現在・未来をつなぐ脳のメカニズム』久保田競／編、松波謙一・船橋新太郎・櫻井芳雄／著（サイエンス社）

『脳のワーキングメモリを鍛える！──情報を選ぶ・つなぐ・活用する』トレーシー・アロウェイ、ロス・アロウェイ／著、栗木さつき／訳（NHK出版）

『ワーキングメモリと学習指導──教師のための実践ガイド』S.E.ギャザコール、T.P.アロウェイ／著、湯澤正通・湯澤美紀／訳（北大路書房）

『ワーキングメモリと発達障害──教師のための実践ガイド2』T.P.アロウェイ／著、湯澤美紀・湯澤正通／訳（北大路書房）

『現代の認知心理学4──注意と安全』日本認知心理学会／監修、原田悦子・篠原一光／編（北大路書房）

クリエイト速読スクール

1984年、東京・池袋に全脳速読ゼミナールを創立。1987年、BTR
メソッドの知的財産権保護のため、特許庁に実用新案を出願し、
校名を「クリエイト速読スクール」と改称する。
1993年、『文章演習講座』を開講、同年「3倍速保証制度」を確立。
2004年、生涯学習のユーキャンと共同制作したBTRメソッドの
通信教育『速読講座』がスタートする。1993年より司法試験最終
合格者 23年連続計61名輩出（2015年現在）等、めざましい実績
を挙げている。
著書に、代表者名による『速読らくらくエクササイズ』『即効マ
スター らくらく速読ナビ』『試験に受かる1日15分速読勉強法』
（日本実業出版社）などがある。
連絡先
〒170-0013　東京都豊島区東池袋1-15-1 菱山ビル4F
　　　　　　 TEL（03）3971-6179
　　　　　　 FAX（03）3982-1174
　　　　　　 http://www.cre-sokudoku.co.jp

脳のワーキングメモリを鍛える

## 速読ジム

2015年11月10日　初版発行

著　者　クリエイト速読スクール
　　　　©Create rapid reading school 2015
発行者　吉田啓二

発行所　株式会社 日本実業出版社　東京都文京区本郷 3 - 2 - 12　〒113-0033
　　　　　　　　　　　　　　　　　大阪市北区西天満 6 - 8 - 1　〒530-0047
　　　　編集部 ☎03-3814-5651
　　　　営業部 ☎03-3814-5161　振　替　00170-1-25349
　　　　　　　　　　　　　　　　http://www.njg.co.jp/

印　刷／厚徳社　　　製　本／若林製本

この本の内容についてのお問合せは、書面かFAX（03 - 3818 - 2723）にてお願い致します。
落丁・乱丁本は、送料小社負担にて、お取り替え致します。

ISBN 978-4-534-05330-5　Printed in JAPAN

# 日本実業出版社の本
## BTRメソッドで速読をマスター！

好評既刊！

目と脳がフル回転
### 速読らくらくエクササイズ

松田　真澄
定価 本体1400円(税別)

スポーツ感覚でサクッと身につく「楽読術」。独自の「BTRメソッド」は読書のための基礎的トレーニング法で、集中力・理解力・記憶力を高めながら速読をマスターできる。入試・資格試験の突破、語学力アップに役立つBTRメソッドを理論から公開した第一弾！

目と脳がフル回転！
### 即効マスター　らくらく速読ナビ

松田　真澄
定価 本体1000円(税別)

『速読らくらくエクササイズ』に続く第二弾。速読の理論よりも教室で使っている実際のトレーニング問題を惜しみなく掲載し、未公開のトレーニングメニューや、ハイレベル問題も収録。入学・資格試験間近に集中的にトレーニングすると効果がより期待できる。

### 試験に受かる 1日15分
### 速読勉強法

松田　真澄・編著
定価 本体1300円(税別)

速読をフル活用した試験突破のための勉強法を体験者へのインタビューを交えて紹介。難関資格・入学試験合格、TOEICで高得点ゲットなど、試験を突破するための実践的手法を公開する。まずは、1日15分の速読トレーニングを体験して速読の感覚をつかもう。

定価変更の場合はご了承ください。